SOAVE LIBERTATE

Gerardo González

SOAVE LIBERTATE

2018

SOAVE LIBERTATE
Segunda Edición

ISBN 978-1-7323474-1-0

Ilustración de tapa: Vania Paola Bilen
Diseño de tapa: Argus-*a*.

© 2018 G.G.

Primera edición:
Buenos Aires: Editorial Nueva Generación, 2006.

All rights reserved. This book or any portion thereof may not be reproduced or used in any manner whatsoever without the express written permission of the publisher except for the use of brief quotations in a book review or scholarly journal.

ErosBooks
16944 Colchester Way,
Hacienda Heights, California 91745
U.S.A.

Calle 77 No. 1976 – Dto. C
1650 San Martín – Buenos Aires
ARGENTINA

Soave libertate,
già per si lunga etate
mia cara compagnia,
chi da te mi disvia?
O Dea desiata
E da me tanto amata,
ove ne vai veloce?
Lasso, che ad alta voce
in van ti chiamo e piango:
tu fuggi, ed io rimango
stretto in belle catene
d'altre amorose pene
e d'altro bel desìo;
addio, per sempre addio!

Canzonetta del Sig. Gabriel Chiabrera,
incluida en Claudio Monteverdi,
Settimo Libro de Madrigali.

Hasta donde mi memoria es confiable, las historias, los nombres y los lugares que aquí se mencionan son todos reales. Lo digo en la certeza de que nadie reclamará nada.

G.G.

INDICE

De la carne, de las pasiones y el mal amor   1

Historias de la Avenida Santa Fe   83

Del deseo, del horror y del mundo   105

De la carne, de las pasiones y el mal amor

Conocí en el Internet, en la línea gay, un individuo cuyo nombre era—y supongo que sigue siendo—David, pero que prefiere que lo llamen Dave. Intercambiamos fotos, lo que en el lenguaje de los gringos tiene connotaciones totalmente mercantiles (trading). Llegó su foto y era un rubio coloradito, con buenas piernas que llenaban muy bien los jeans. No era como para cortarse las venas, pero no estaba mal. Me aseguró durante nuestra sesión del chatroom que él no le daba el culo a nadie, que era totalmente top (tengo que usar el término en inglés, porque lo de activo y pasivo de nuestra lengua es totalmente inexacto, no en cuanto a la traducción, que poco importa, sino porque el "español"—como lo designan aquí en Los Ángeles—identifica lo de activo con el penetrador y el pasivo con el penetrado). ¡Baje dios y me vea! ¡A mí, que me encanta ser penetrado! ¡Si hay algo que no me caracteriza es la pasividad! Y conozco muchos de estos penetradores que llegan, se desvisten, se echan sobre la cama y esperan que todo les venga de arriba, pero nuestro querido castellano, fiel a su tradición, los denomina igualmente "activos". ¿Activo de qué? En cambio yo, clasificado como pasivo, valga la confesión, me zambullo en el cuerpo de mi partenaire y recorro cuanto se puede recorrer, y me subo a cuanto se puede subir, y cabalgo hasta cuando el otro aguante.

En fin, Dave trataba de sugerirme que ni intentara yo hacerle la cola. No me fastidia penetrar, en realidad, muchas veces lo hice, pero no es algo que me subyugue. Finalmente apareció en mi departamento. Era un rubio precioso, nada que ver con la foto. Nada colorado ni con piel de pollo. Nos sentamos a conversar. Me dijo que sólo tenía 45 minutos. Hablaba también el español y muy bien. Eso me da siempre cierta ventaja, porque aunque hablo inglés bastante bien como para hacerme entender en lo fundamental, nunca puedo ser realmente yo fuera de mi lengua. Parecía que me observaba. Hacía observaciones inteligentes y además quería demostrarme que era bastante intelectual. Finalmente le dije que pasáramos a los hechos y nos fuimos al dormitorio. Nunca imaginé cómo este tipo iba a montar su fantasía conmigo. Como soy un narrador bastante mediocre, no creo que pueda realmente dar con el ritmo, porque era el ritmo, progresivo, incesante, de sus regulaciones lo que me fascinaba. Nos desnudamos y comenzó a mirarme. Me repitió que depusiera todo intento de hacerme el macho. Me dijo que le gustaba que le chuparan las bolas, de modo que procedí. Me preguntó si eso me gustaba. Le dije que sí, especialmente porque al hacerlo no sentía en él ese tufillo a mierda que los gringos usualmente tienen, debido a la falta de bidet en este país. Cosa curiosa, en verdad, dada la obsesión por la higiene que hay en todas partes, salvo con la limpieza del orto.

Pero inmediatamente me dijo que a él le gustaba que yo le hiciera lo que él me pedía. Luego me dijo que le mamara la verga y procedí. No era ni pequeña ni grande. Ni siquiera gruesa. Normalita. Me dijo luego que le acariciara el pecho. No problem. Luego me abrazó, como si fuera a tomar alguna iniciativa, me besó y me susurró al oído que a él le gustaba mucho que yo hiciera lo que él mandaba. Le dije que no tenía problemas con eso, siempre y cuando no me pidiera ninguna inmundicia. Me pidió que volviera a mis menesteres con sus testículos, todos llenos de pelitos rubios, como un angelito. Me dijo que le mostrara mis nalgas mientras le chupaba. Procedí a cambiar de posición. De pronto sentí su mano hurgueteando en mi ano, lentamente, placenteramente. Me dijo que yo iba a ser para él. Comenzaba, pues, la representación. Mientras yo bajaba y subía por su cuerpo, tan bonito, tan proporcionado, sus ojos azules—totalmente azules—me pedían que le obedeciera. Me preguntó si yo estaría dispuesto a ser su hembra. A mi juego me llamaron, pensé. Insistió en que él quería que yo, como su mujer, fuera su esclava. Me preguntó, muy democráticamente—como todo en este país—si yo estaba dispuesto a ser su esclava. Evidentemente, todo tenía que ser puntualmente negociado. A esta altura del evento, no dudé en decir que sí, porque me intrigaba sobremanera saber a dónde quería llegar el sujeto. ¡Uno no puede con sus afanes investigativos! Comenzó a cambiar el tono de voz, a ser más imperativo, sin llegar a ese tono milico que los argentinos tenemos grabado a fuego en cada neurona.

Era simplemente firme, y me dijo que ése era su tono porque él iba a ser mi hombre y yo su esclava. Me dijo que le mostrara mis nalgas otra vez. Agregó inmediatamente nuevas reglas: mi ano iba a ser su pussy (concha, en lenguaje de gringo) y luego me preguntó si me gustaba tener pussy, para concluir exigiendo que mi pussy iba a ser exclusivamente para él. A todo, como buena esclava, yo respondía afirmativamente, sumisamente.

Cuando uno se enfrenta a estos sujetos tan maravillosos, con esas fantasías tan disparatadas, el goce sexual se desplaza, porque uno—al menos yo, desgraciadamente—está pendiente del proceso fantasmático. Pero tengo que confesar que cada vez que tomaba un poco de distancia, veía su cuerpo hermoso y sus ojos azules y un calorcito comenzaba a confundir mis elucubraciones. Lentamente yo iba entrando en el juego, creo incluso que hasta me propuse dejarme llevar. Me daba palmaditas en las nalgas, para hacerme saber que él era mi amo. Me pidió que le masajeara los pies. Lo hice con delicia y tengo que confesar que son cosas que en general no me mueven un pelo. Seguí por sus piernas, sus muslos, su pecho, sus manos, sus brazos y cuello. Dave estaba totalmente relajado y de tanto en tanto me daba un besito. Volvió a abrazarme para culminar con su regla de oro: "A mí—dijo en su buen español—me gusta que se haga lo que yo digo". Entre mimo y mimo, yo le reiteré que ya habíamos acordado en eso, y le enfaticé que yo aceptaba sus reglas, aceptaba ser su esclava, aceptaba obedecerlo, pero sólo en la cama. Fuera de la cama, si te he visto, no me acuerdo. Sonrió y me dijo que él no tenía ninguna intención de llevar su dominio más allá de la cama. Entonces me besó y completó su regla de oro: "Quiero que te quede claro que aquí el único que goza soy yo, todo se hace para agradarme a mí. A mí no me interesa tu placer ni tampoco me preocupo por dártelo". (Los que se han dado un paseo por el psicoanálisis lacaniano ya saben que este "yo" del que hablaba Dave es el Otro, pero el pobre parecía muy cómodo, muy afirmado, hasta muy obediente, en esta ficción de su yo).

Yo escuchaba todo esto y lo celebraba, como un milagro, como esa reacción eventual que tenemos frente a lo que no podemos creer. Inmediatamente, después de su aclaración, se dio vuelta, dejó su espalda y su culito totalmente a mi disposición y me pidió que lo masajeara completamente. Entre masaje y masaje, que hice con enorme placer, se fue relajando, adormeciendo. Entonces agregó: "No quiero saber nada con tu verga. Yo hago de cuenta de que no existe. Tampoco quiero que acabes delante de mí. Haz todo eso cuando yo me vaya". De pronto se incorporó, se puso el condón y me cogió en las posiciones más clásicas: boca abajo y patitas al hombro. Todo muy rico, tengo que confesarlo. Pero no se vino. Al rato, sacó su verga, se sacó el condón, y me pidió que le chupara las bolas nuevamente, hasta que se viniera. Y mientras yo le daba el estímulo demandado con mi lengua, él acabó. Después de su orgasmo, se adormeció, como es natural y se acurrucó en mis brazos. Era un niño de pecho, rubio y bonito, casi desamparado, que parecía ahora totalmente dependiente de mis caricias. Me pidió que le pasara mis manos por su cabeza, que le rascara la cabeza fuerte fuerte, y creo que sentía un placer más grande que cuando se masturbaba. Al rato, me pidió que le chupara otra vez y se vino nuevamente. Luego se quedó en mis brazos y se durmió. A todo esto, habían pasado dos horas y media. Él estaba exhausto y yo, lleno de belleza, con esa criatura en mis brazos. Un llamado de su celular interrumpió su sueño. Se levantó y se duchó. Me dijo que yo era una esclava perfecta, que hacía tiempo que no había encontrado a alguien así, que sin problemas aceptara sus reglas. Que quería seguir viéndome, que quería estar conmigo casi todas las noches.

El problema, claro está, para mí, es que Dave tenía un bar o trabajaba en un bar y cerraba a las tres de la madrugada. Antes de irse me besó y me dijo que no olvidara que siempre tenía que serle obediente. Se fue. Al día siguiente quiso volver, yo estaba cansado y le dije que mejor lo dejáramos para otra vez. Después de todo, yo no me había comprometido a ser su esclava fuera de la cama. Al próximo día volvió a llamar preguntándome (era extremadamente educado), si yo tenía inconvenientes en que él se viniera a mi casa cuando salía de su trabajo. Yo tenía que levantarme temprano al otro día y preferí decirle que mejor lo postergáramos. Si venía, me iba a tener de esclava hasta quién sabe qué horas de la madrugada y después se iba a quedar durmiendo hasta muy tarde. Yo tenía que levantarme a las ocho y salir como a las nueve, no podía dejarlo solo en mi casa ni tenía intenciones de pasar la noche en vela, cogiendo. Siguió llamando por varios días, y yo sentía gran satisfacción en ver hasta qué punto se había convertido en mi esclavo.

A veces siento envidia de la gente para quien las cosas son blancas o negras. Envidio esa facilidad que tienen de amar u odiar sin mediaciones ni matices. En realidad, para mí siempre la realidad fue demasiado diversa, ambigua y hasta polivalente, como para largar de pronto, así tan reactivamente, un enunciado admirativo o despreciativo. Siempre me sentí mentalmente lento para reaccionar, terriblemente lento. Frente a la velocidad de juicio de los otros, yo me quedo pensando en las razones del lobo. Y entonces todo el edificio de los valores empieza a tambalear. Esto es blanco, pero visto desde otra perspectiva, podría ser igualmente más negro que un carbón. Y mientras yo me entretengo en encontrar o evaluar justicieramente los acontecimientos o las personas, la realidad me pasa por encima, esa realidad apresurada que fabrican e imponen los bicolores. Las acciones buenas o malas siempre tienen alguna razón, y lo que es malo a veces funciona como algo que defiende de algo peor y por lo tanto es bueno. No hay mal que por bien no venga, mi abuela dixit. No veo por qué la gente tiene esa manía de generalizar las cosas. Un ciego no puede ver, pero seguramente aprecia los sonidos mejor que cualquiera, es, digamos, lo positivo de su incapacidad.

Mi madre viene con el cuento de que la vecina se separa después de 23 años de casada, en los que el marido le fue infiel, por lo menos, durante más de 15 años. Mi madre está completamente fastidiada porque el "desalmado" del vecino se fue con una mocita de

27 años, es decir, como puede apreciarse, no tan mocita. Y yo, lógicamente, no puedo así, de golpe, sancionar la realidad como lo hace mi madre. Y seguramente mi vecina, y hasta probablemente el barrio entero, todos la acompañan en categorizar las cosas como blancas o negras, positivas o negativas. Yo, decididamente, no veo las cosas así. Si el vecino se fue con una joven, seguramente la pasará mejor en la cama, renovará su ilusión de sentirse todavía un macho en circulación y podría incluso hasta tener más hijos para probarlo. Vista las cosas de esta manera, es evidente que al pobre tipo se le avecinan nubarrones. Tendrá que trabajar más, doblemente; tendrá que responder sexualmente con más asiduidad, que no es siempre algo para festejar, en particular a cierta edad, especialmente si la fuga con la muchacha sirve más como emblema de su ilusión de macho que como índice de su real potencia sexual. Como se ve, nada garantiza que esto sea necesariamente positivo. La muchacha, seguramente, compensará con él cierta falta: de padre, de hombre responsable, de ilusión de seguridad y hasta de cierta experiencia, cosas que, no hace falta ser adivino, no parece ser el caso aquí.

La vecina, en cambio, que ahora sufre horrores, no sufre tanto por ella como por el vecindario. Se ve vieja, se ve desarreglada, se ve cansada, vencida. Pero también aliviada, en el caso de que fueran ciertas las quejas sobre su ex marido, que ella viene profiriendo desde hace por lo menos 20 años. Ya no tiene que cocinar a la noche, si no tiene ganas. Ya no tiene que levantarse temprano a prepararle el desayuno. Ya no tiene que soportar las borracheras de su ex ni tampoco sus insultos y hasta su olor. Ni hablar de las infidelidades. Ni tampoco de los remotos orgasmos que otrora este bruto sabía prodigarle. Ya no necesita lavar ni planchar con horarios fijos y para obligaciones ajenas. Se puede dedicar a visitar a sus nietos tranquilamente, y hasta secretamente tener un amante, si se arregla un poco, ya que seguramente algún otro vecino, que no alcanza a una muchachita de 27, podría renovar un poco su fantasía sexual con ella. Como decía mi abuela, nunca falta un degenerado. ¡Qué sería de nosotros, humanos, sin las perversiones! ¡Qué sería de los rengos, de los ciegos, de los sordos, de los amputados, sin las perversiones! Siempre hay por lo menos un perverso para el que nuestra desgracia constituye una fuente de infinitos placeres. Por todo esto es que no entiendo por qué la queja. ¿Por qué la gente se preocupa por cosas que, bien miradas, aunque aparentemente negras, son extraordinariamente blancas y positivas? Aunque, yo también debo admitirlo, lo negro no es necesariamente negativo. Cosas del lenguaje, evidentemente.

Cuando uno está caliente, y gracias a la mediación de la tecnología, uno va directamente al mercado, es decir, al chatroom. Prende la computadora y mira los catálogos, ve la descripción que los chatters hacen de sí mismos. Inmediatamente, después de cliquear sobre un nombre cuya descripción parece tener alguna perspectiva de satisfacer nuestro deseo, se inicia la conversación de rutina. Y de verdadera rutina, pues a la descripción de altura, peso, tamaño del pene, preferencia posicional (top, bottom, versatile) y etnicidad, se agrega el "what are you into?", y a partir de eso se intenta tener alguna idea posible del performance venidero. Luego, claro está, si es posible, se intercambian fotos. Miles de situaciones pueden ocurrir a partir de ahí. Algunos, es cierto, quieren una cita, tomar un café, encontrarse en algún lugar público, para cerciorarse que el cyberencuentro ciego puede prosperar a partir de una conversación amena. Otros, claro está, y por otras razones, no quieren saber nada de estas ceremonias modernistas tardías, que son, si se quiere, residuos debilitados de la otrora fuerte tradición del flâneur homosexual. Los casaditos o bisexuales, que difícilmente ponen su foto y que son bastante reacios a dar demasiados detalles, quieren un encuentro furtivo, sexo casual, rápido, descargante. Necesitan que el otro tenga un lugar, que sea discreto y sobre todo que no haga preguntas, que no hable. Sin embargo, el silencio de éstos no es propiamente el silencio del erotismo del que hablaba Bataille. Es un silencio culposo, que se queda atrapado en la prohibición y que la sitúa tan acotadamente, que no le permite casi nunca llegar a ese exceso típico del goce, en el que se movería el piso y, con ello, se amenazaría al edificio entero en su pretendida decencia, a saber, mujercita, familia, hijitos, suegritos, papitos, todos contentos.

En estos casos, mi compensación es cuando siento que gozan a pesar de todo. Y de imaginarlos cogiendo a sus esposas o novias, mientras evocan el encuentro conmigo. Muy pocos, hay que decirlo, de estos bi, casados o no, o bien de los homo que están en el closet todavía, muy pocos se dejan llevar y dan lugar a la caricia prolongada, al juego preparatorio, al beso, que sigue siendo un tabú. Lo ridículo asoma siempre en estos encuentros: pueden meter la pija en mi orto o en mi boca, pero besar no, eso sí que no; ni hablar de aquellos tiempos cuando dejaban su leche adentro, pero besar, ah no, eso sí que no, como con las putas. Justamente en el beso de hombre a hombre, donde las bocas no plantean ninguna diferencia genérica, la boca de un hombre—salvo por la falta, fácilmente solucionable, de lápiz labial o por un exceso de barba—no es diferente de la boca femenina, que a veces también tiene bigote. Sin embargo, muchos prefieren insistir en disfrutar el orto como si fuera una vagina, pero se niegan justamente a besar, tal vez porque por ahí, en la boca, es donde la diferencia prácticamente se anula.

Ridiculeces como éstas nunca faltan. Pero tal vez la más interesante sea cómo estos casaditos se excusan del adulterio. Algunos, los más apegados a la familia y especialmente a la esposa, definen el adulterio de una forma estricta: se trata de una relación permanente con una mujer. De modo que todo coito pasajero con una mujer o permanente con otro hombre, no amenaza para nada su matrimonio ni pone en duda su amor y fidelidad a la esposa.

A pesar de estas fantasías, son muy pocos los que se animan a la ternura post-coito, a la conversación facilitada ya por el encuentro sexual, a esa posibilidad de confesar algo, de verbalizar cosas que a veces no se pueden decir a la novia o a la esposa, de expresar, en lo que se puede, el carácter silencioso del goce. En fin, pocos son los que deciden humanizar el coito, hacerlo una experiencia. No me refiero al hecho de proceder inmediatamente a una amistad o a un sexo regular con el partener, no me refiero a dejar abierta la puerta, peligrosísima, de una historia de amor. Me refiero al hecho de validar ese encuentro como algo que pertenece a la vida de uno, no importa cuán secreta sea esa vida no oficial.

Justamente escribo esto motivado por una idea que me quedó de mi encuentro con un tipo que dijo llamarse Marcos. Lo contacté en el chatroom, un viernes a la noche, muy tarde. Intercambiamos los ciberrituales típicos de esa ocasión. Pero era tarde. Nos despedimos dejando abierta la posibilidad de encontrarnos en otro momento más propicio. Cosa que a veces ocurre, aunque este diferir el encuentro para otro día no suele ser, en general, una estrategia exitosa. A la mañana siguiente, cuando desayunaba, y ya completamente olvidado del chatroom con todos sus chatters incluidos, sonó el teléfono. Se trataba de una voz masculina que pedía hablar con un nombre que yo reconocí como mío, pero que solo uso para el mercado sexual. La voz decía llamarse Marcos y yo, olvidado de quien era Marcos, seguí el hilo. Quería venir en diez minutos. Sin estar realmente caliente ni preparado, dudé. Nada más horrible que me presionen, me empujen, me aceleren en las mañanas, cuando, mate por medio, leo tranquilo, rodeado del silencio de mis plantas, del sol. Le pedí que fueran veinte. Accedió. Me dí cuenta de que nuestra conversación de la noche anterior debía haber llegado lejos, porque el tipo tenía mi dirección, que sólo proveo cuando ya el encuentro es inminente. Marcos tenía, pues, teléfono y domicilio, lo cual indicaba que estuvimos al borde de violar la noche. Mientras me iba a dar una ducha, pensaba si a lo mejor ya me había acostado con este tipo y por eso tenía mi ficha completa.

Créase o no, me ha pasado de coger dos veces con un mismo tipo sin recordar el primer encuentro, ni siquiera apercibirme de ello. La desmemoria no me parece una cuestión de la vejez, sino de higiene, de limpiar el disco duro de vez en cuando y mandar los archivos insignificantes al carajo. Y esta falla de memoria, esta capacidad de olvido feliz, este hard disk debilitado, no es algo que me desespere, ni menos aún algo que me venga de estos tiempos del chatroom. Me ha pasado desde siempre. Incluso mis amigos me han hecho notar:

"¿te acostaste otra vez con él?" Y yo: "¿Cómo 'otra vez'? Si lo conocí ayer en la calle". Y mis amigos: "¡Cada día estás más puta! ¿No te acordás que a ese tipo lo conociste en tal y tal ocasión y lo llevaste a tu departamento, etc. etc?" Y gracias a los dioses, no me acuerdo. En fin, intentaba saber quién era Marcos. ¿Sería el Sub-comandante y no lo recordaba? Esto sí que no me lo hubiera perdonado. En fin, a bañarse y esperar. Y llegó. Cuando abrí la puerta algo me dijo que no lo conocía. Era de una belleza descomunal, un cuerpazo de gimnasio de todos los días, con musculosa naranja y unos vaqueros que marcaban sus formas taurinas que me desarmaron al instante. Entró, muy secamente rehusó sentarse en el sofá, estrategia que uso para entrar en clima. Se abrió la bragueta del jean, y sacó una verga minúscula o, si se quiere, para no ser tan cruel, average, normal, promedio. Viendo que la cosa era típica de machito que apenas se da la oportunidad de un gocesito, rápido y anonimísimo, le dije que fuéramos al cuarto. Intenté desvestirlo y lo logré a medias. Quedó parado, con la musculosa o sudadera recogida, con la gorra puesta y los anteojos oscuros inmutables. Logré bajarle el vaquero, pero no sacárselo completamente. Me desnudé y le dije que se acostara y no quiso. Yo estaba completamente deslumbrado, no tenía ninguna excitación. Es la belleza la que produce, al menos en mí, ese estado completamente enajenado, casi diría, ligado a esa parálisis que produce el miedo, sin reflejos defensivos. Estado completamente contemplativo frente a la suma belleza que, bajo este estado sublimado, deja entrever los portales de la muerte. No por nada esta suma belleza del cuerpo masculino pasa directo a la estatuaria fascista.

Mi verga, mientras tanto, permanecía pequeña, más que fláccida, acurrucada como si fuera invierno. En cierto modo, mi verga hablaba por mí, era un libro abierto, pero dudo que Marcos supiera o estuviera interesado en leer el texto de mi cuerpo. Lo miraba y cada músculo era una perfección. Buscaba sus ojos y no podía dar con ellos. Me pude dar cuenta de que tenía el pecho afeitado. ¿Por qué muchos de estos tipos de gimnasio tienen este berretín en contra del vello? No recuerdo si tenía afeitada también la zona púbica. Por más proustiano que me ponga, no logro recordar. Quise besarlo e inmediatamente me separó. Entonces bajé a su entrepierna y comencé a mamársela, qué otra cosa podía hacer. No era algo que me diera placer, pero me pareció una forma posible como para ver qué quería esta estatua. Le gustó. Un quejidito, pequeño, pequeño. Ok, me dije, voy bien. ¿Qué quería yo? Yo no quería que me cogiera, yo quería sentir ese cuerpazo sobre mí, frotándose contra el mío. Y nada. Quedaba allí, parado, ridículamente parado con los vaqueros a sus pies, como el coloso de Rodas. Me metí por sus piernas entreabiertas, acariciándole los muslos prominentes, y le chupé las bolas. Le dejé mi verga completamente a su mirada. Quejidito otra vez. Luego, como lo único que me guiaba y absorbía era mi pulsión escópica (Marcos no dejaba que la sobrepasara, no entraba en ninguna de mis incitaciones a la sensualidad), mientras me limitaba a deleitarme los ojos, mientras—para usar una expresión tan bonita de los mexicas—mientras me daba un 'taco de ojo', me trepé por su pecho y le mamé las tetas, no diría tetillas, porque eran realmente tetas, fuertes, biseladas. Quejidito más fuerte, síntoma de que le gustaba.

De pronto pronunció las pocas palabras que iba a decir en todo el encuentro: quiero ver tu culo. En inglés, of course. Sé que la madre Naturaleza me dio un culo que, a lo largo de esta vida, casi por unanimidad, ha recibido sus aclamaciones. Se quedó mirando. Marcos se tocaba su verga y miraba mi culo. De pronto me agarró las piernas y las abrió. Siguió mirando. Me preguntaba qué estaría pensando este macho, qué iría a hacer, y deseaba que se tirara sobre mí, me abrazara, dejara que mi piel y su piel conversaran íntimamente. Fantaseé que me iba a penetrar sin condón, triunfo del goce, mueca de la muerte. ¿Cómo iba ya a resistir? Pero no, me pidió condón. Se lo puso. Pidió lubricante, se lo pasé y luego me puse un poco. Quiso que me arrodillara y me penetró. La movió un ratito. Nada espectacular, salvo el placer enorme de verlo por el espejo de mi closet, metiéndomela. Semejante ejemplar de macho, arrodillado sobre el colchón, semidesnudo, semivestido, metiéndomela. Son momentos en que toda loca quisiera, cuando tiene a alguien así en la cama, y aunque no goce nada, que todas sus locas amigas la vieran. Es siempre lo que viene del otro, el narcisismo recuperado. La sacó, parece que vio un poquito de caca en el condón, la mancha feroz, y eso le rompió todo el encanto. Ya no quiso seguir. De mañana, es imposible, al menos para mis ritmos corporales, ofrecer un conducto completamente pulcro. Se sacó el condón, dijo que había acabado, se levantó los pantalones, se bajó la sudadera y, sin esperarme, bajó y cuando yo ya estaba bajando las escaleras, cerraba la puerta sin decir media palabra. Volví a mi cuarto y miré el condón. No, no había acabado.

Quedé en un estado difícil de describir. Este Marcos era demasiado enmarcado. Era como una obra de arte. Algo bello, pero inaccesible. Aunque me hubiera inseminado, yo hubiera quedado alejado, afuera, distante. Ya no me pregunto mucho qué placer se habrán llevado, qué satisfacción habrán conseguido. Allá ellos. Me preocupaban otras cosas. Primero, mi shock, mi alelamiento. No lograba reaccionar. Luego, mis ganas de llamar a todo el mundo y contarle que había tenido un dios en casa. Ganas a las que, inmediatamente, de más está decirlo, renuncié tan pronto como surgieron. Lo que me preocupaba era el erotismo. O su falta. Me dio casi como una pena que este tipo, que debe gastar (en el sentido del goce, de lo improductivo) horas y horas en el gimnasio, construyera su cuerpo como una obra de arte y a la vez le negara la sensualidad, quedándose casi completamente petrificado, aislado en su propia coraza muscular, discontinuo para con el mundo.

Supongo que me miraba detrás de los anteojos, pero igual la impresión que yo tenía era la de estar con un ciego. Salvaba un poco la situación el hecho, al menos, de que haya querido ver mi culo. Pensé en lo contrario de este dios, de este cuerpo fabuloso, pensé en la invalidez. Y de ahí asocié con un erotismo discapacitado, un disabled eroticism, o algo así. Resultaba paradójico que justamente aquellos que tanto se preocupan por su cuerpo, terminen justamente limitando las posibilidades eróticas. Allí donde sus cuerpos eran una máquina perfecta, la invalidez hacía su trabajo. Pero esta paradoja tal vez era síntoma de algo más triste. Si el erotismo es, además de silencio, lo secreto, lo privado, lo individual, era evidente que, para usar los términos de Bataille, estos muchachos parecían como atrapados en una santidad cómica, una santidad profana. Su erotismo se había hecho público. Su santidad consistía en hacer pública una ilusión de salud, de potencia, de músculo invencible. Su erotismo consistía en ir al gimnasio, verse, sea en los grandes espejos que estos antros diseminan por todas partes, o bien verse en el otro, tan musculoso, un poco más o un poco menos (incentivo para seguir, para triunfar, para competir por la diferencia faltante o lograda). Ver mi culo, ver mi verga, verlos sin velos, expuestos, ofrecidos, incluso con mi vello púbico y también el que rodea mi ano rosado, todo constituía, seguramente para él, en el taco de ojo que se estaba devorando, lo único que casi no podía ver en el gimnasio. Lo único todavía escamoteado del otro, bajo los pantaloncitos, más o menos ajustados.

Tal vez mi error fue desnudarme al principio. Debí haberme quedado vestido y provocar en Marcos la ceremonia, el deseo de desnudamiento. Uno siempre tiene algo que aprender. No siempre recuerdo a los tipos que se acostaron conmigo, pero siempre recuerdo mis lecciones. Archivo sagrado, formado por ese poquito de saber que uno le va arrancando a la experiencia, al dolor, a la muerte. En fin, este erotismo hecho público, algo completamente contraproducente, incapacita a estos machos para el erotismo privado, en el que quedan como estatuas. Una manera de permanecer petrificados, resguardados, en la trasgresión. Imposible sentir que se pierde el piso, cuando uno se petrifica en lo privado, en la intimidad. O cuando se ha perdido todo entrenamiento para la intimidad. O, peor, cuando ya no tienen nada privado, en esta cultura tan obsesiva con resguardar la privacidad.

La cultura postmoderna parece promover este pasaje del erotismo de lo íntimo a lo público: recitales de rock, espectáculos deportivos, videos, todos tan cargados de erotismo proliferante, y sobre todo de homoerotismo alucinante, casi diría, exacerbado. Erotismo público que margina lo femenino, o lo disuelve en la masa, lo objetiva, lo petrifica. Lo volatiliza, lo hace irrecuperable. Lo invisibiliza por generalización, por diseminación. Cultura de apolos, cultura de titanes estatuarios, gladiadores que matan a Dionisos diariamente. Cuerpos sudorosamente entrenados, cuerpos ejerciendo un goce ridículamente permitido, simulacro del goce. Cuerpos, sin embargo, incapacitados eróticamente, incapacitados para la intimidad de dos, para vislumbrar esa otredad de la vida que sólo el goce real (o lo real del goce) puede, aunque sea por un instante, proveer, para retornarnos a la calma, a la ternura, al placer. Estos cuerpos, en su alienación, ansían satisfacciones brutales. Requieren, no obstante, del exceso, lo piden, lo necesitan, lo mendigan o lo compran. Inválidos como están para lo íntimo de dos, sólo pueden encontrar simulacros de satisfacción en la pornografía, en una pantalla cinematográfica de rambos y terminators, en una pasarela. Artificialidades del goce manipuladas por las reglas del mercado, que inventa prohibiciones para alentar transgresiones que le convienen: masturbación, excesos provocados por la droga, por el alcohol, por el sadomasoquismo comercializado, por la violación, por el crimen o por el suicidio. Formas extremas de la incapacidad erótica, formas en las que anida, paradojalmente, la decencia, porque son formas en las que el sujeto no se anima a perder el "equilibrio" con otro, en el otro, no se anima a la trasgresión radical de la prohibición, no se anima a disolverse en la continuidad. Sujetos, finalmente, que resguardan su individualidad, su discontinuidad y que ya carecen del entrenamiento necesario para disolverse junto al otro. Sujetos cuyo 'marco' los ha inmovilizado dentro de un espacio, como una tumba anticipada, desde la que ofrecen su aura triste.

La piedad fue siempre, para mí, una pasión insoportable. Piedad del otro o piedad de mí mismo son como aguas sucias, revueltas, que cuando se agitan dentro de mí, me dejan mirando el mundo y mirándome en el mundo, como si todo fuera premeditado. La piedad es, para muchos, una forma de conectarse con el mundo, con los otros. Es, para ellos, una forma de expresar una pequeña, pequeñísima cuota de poder, una especie de compensación que marca un límite a un lado del cual el que ejerce la piedad se consuela con una suerte mejor a la del otro, que, del otro lado, recibe su dádiva, su comprensión, su mirada piadosa. Es probable que ejercer la piedad produzca un placer. Aunque yo rara vez he podido ejercerla, supongo que, seguramente, un placer debe estar aquí involucrado. La piedad, en mi caso, siempre ha cerrado las puertas a todo placer. Y probablemente también me ha impedido ir más allá de mis prejuicios.

Ricky llama mi atención, por medio de un privado en el chatroom. Leo su perfil. Una foto muy interesante, que muestra a un tipo muy cálido. Comenzamos a conversar. La charla es amable, tierna. El está muy caliente y yo también. Es sábado a las ocho de la noche. Momento justo para tranzar y encontrarse y echarse un buen polvo. El está dispuesto a viajar, porque a mí no me gusta manejar de noche y, además, me cuesta mucho disfrutar del sexo en una casa que no conozco. Todo parece indicar luz verde. De pronto él desaparece, aunque al rato retorna. Al querer descargar mi foto, su máquina lo desconecta del chatroom. Volvemos a iniciar la charla. Le pregunto por sus medidas y me dice que regrese a leer su perfil. Lo hago y me doy cuenta de que Ricky declara ser VIH positivo, o como lo escriben aquí HIV+. Todo se desmorona dentro de mí. No sé cómo continuar la charla. Sé que mi tono va a cambiar, sé que yo no voy a coger, sé que se arruinó la noche. Le digo, cortésmente, que he notado que está infectado. Me pregunta cuál es el problema. Me sorprende la pregunta porque el problema es completamente visible, evidente. Me aclara que yo le he dicho que practico sexo seguro y si eso es verdad, él no entiende qué cambios puede plantear su situación. Dejo pasar unos minutos. Me doy cuenta de que la forma en que lo trate hoy a él es como quisiera que me trataran a mí si estuviera en su lugar. Es algo que, luego, me va a apreciar, después de rechazar todos mis prejuicios e ignorancias. Me doy cuenta de que es bastante honesto como para declararlo en su página electrónica. Sé que debe haber cientos que no lo hacen y seguramente con los que yo me hubiera acostado o con los que ya me he acostado sin más. Pero el hecho de saber que el otro está infectado, despierta en mí la piedad, por él y seguramente por mí, que podría estar ya infectado, como cualquier otro.

    La ignorancia es como una fortaleza que nos permite negar la realidad. Yo no me he hecho el test desde hace casi un año y me he acostado con muchos hombres. A pesar de ser sumamente cuidadoso, quizás la lubricación del pene—ese delicioso juguito que inmediatamente se percibe en la boca y que en inglés designan como precum—aunque los médicos nos digan lo contrario—podría infectarnos. Sabemos también que no parece haber mucho riesgo con los besos. Y lógicamente que el riesgo se achica cuando se usa condón. Yo hace casi 14 años que no recibo la leche de un tipo, ni en la boca ni el culo. Cuando me he acostado con esos sementales morrudos, apasionados, me ha sido dificilísimo mantenerme en el "no". Y peor cuando hay esa química que hace tambalear todo, los saberes y los miedos, todo, más aún cuando el machote se supercalienta y quiere echar su líquido precioso dentro de una. A los gritos me dan ganas de decirle que sí, que se saque el forro y me inunde de leche, de su preciosa leche, para que cuando se vaya, yo me quede acariciando mi vientre, completamente satisfecho. La leche es santa, dijo un personaje una vez. Y a pesar de tantos años de negativas, no descarto la posibilidad de que cuando vaya a hacerme el examen, me den la noticia terrible. Todo esto se junta con otras cosas. Especialmente con mi edad. Tengo cincuenta años, y parezco de 38 o 39 (como una amiga me ha sugerido decir), incluso algunos pendejos que se acuestan conmigo (y a los que engaño con mi edad rebajada) me dicen que parezco más joven. Esto me pone contento. Pero no me engaño. Sé que en unos pocos años el cuerpo va a empezar a ceder. Se va a aflojar. Va a arrugarse. A curvarse hacia abajo. Y entonces va a ser difícil conseguir un macho joven, de piel tirante, suave, lleno de energía y furor. "Cuanto más vieja me pongo—decía una loca amiga mía—más pederasta me siento". Y a mí me pasa algo igual. Nunca me gustaron los pendejos de 17 o 18 años, y ahora cuando me volteo uno, siento como que me dan un certificado de circulación en el mercado erótico. Y si el pendejo quiere volver, y si finalmente vuelve, me siento en el paraíso. Pero no me engaño. Sé que el tiempo pasa inexorablemente y desgasta, destruye. Al final uno aprende que no es ni la pija ni el orto lo que uno satisface cuando se revuelca en la cama con un pendejo o con una gym rat, sino el narcisismo.

A veces me cuesta enormemente hacer un juego temporal, tratando de imaginarme en mis dorados 27 o 28 años, y desde allí pensar cómo iba a verme en los cincuenta. Quisiera como rescatar ese temblor interior de imaginar que, al llegar a esa edad, ya nadie se fijaría eróticamente en mí. Y ahora, a veces, trato de imaginarme cómo seré dentro de diez años, cómo serán mis compañeros sexuales, qué desearán de mí, qué desearé de ellos, qué podré dar y qué recibir. Lo único que me parece evidente es que, pasado cierto límite, si uno quiere un cuerpo joven, habrá que empezar a pagar. No necesariamente alentar la prostitución, sino ser pródigo, paternal, satisfacer los caprichos de los chonguitos.

Ricky, anoche, no entendía mis respuestas, pero yo no podía, y menos en inglés, decirle todo esto. Ricky insistía en que no es el SIDA lo que impide la felicidad, sino los prejuicios, que impiden a la gente amarse. La palabra "amarse" tal vez es too much para una charla en el gay.com. Pero Ricky filosofó de esa manera. Él quería encontrarse conmigo a como diera lugar, acariciarnos, besarnos, abrazarnos, y si todo venía bien, penetrarme con condón. Yo sé que muchos de los que se acostaron conmigo, sabiéndolo o no, es posible que estuvieran infectados. Pero no podía superar la barrera de mi prejuicio. Eso decía Ricky y tal vez—casi seguro—tenía razón. Pero más allá de mi ignorancia, lo que yo no podía soportar era sentir piedad. Sé que es una pasión soberbia, arrogante, como esa soberbia argentina que siempre me critica la gente que poco me conoce, es decir, no mis amigos, quienes saben que esa soberbia mía es apenas el semblante que uso para sobrevivir en este mundo cruel. Sentir piedad en ese momento era imaginarme no contaminado, más allá de la posibilidad de infectarme, con cierto control de la situación frente al otro, irreversiblemente condenado. Dudé. Quise probarme a mí mismo, desafiarme, decirle a Ricky que viniera, que iba a vencer mis miedos, mi ignorancia, y hasta hacerle un espiche acerca de mi secreta repulsión por la piedad. Pero no me lo permití. Es que una vez ya me había desafiado.

Fue hace como un año, cuando conocí un chico negro precioso en el chatroom. Hablamos mucho y luego por teléfono también. Pero en un momento, en medio de la fascinación, me dijo que él era positivo. Hice un silencio que percibió inmediatamente. Toda mi calentura se enfriaba, mis fantasías se demolían como los terrones de azúcar en el té. Inmediatamente me dijo: "Sé lo que te está pasando, pero a mí no me gusta mentir o callar, que es casi lo mismo". Como a Ricky, le agradecí la honestidad. Este muchacho me empezó a hablar, lo que yo percibía como un sermonear. Quería hacerme comprender que él podría haberse callado y todo hubiera sido igual, que él nunca me hubiera inseminado, que él nunca me hubiera puesto en situación de riesgo o, como también me dijo Ricky, nunca se hubiera él mismo puesto en situación de riesgo, ya que, técnicamente, ellos (el negrito o Ricky) en esos casos llevan las de perder, porque cualquier otra infección mía, sin ser grave para mí, puede afectarlos peligrosamente. Tomé coraje y le dije al negrito que viniera. Mientras lo esperaba, comencé a temblar. Racionalmente, sabía que estaba haciendo lo correcto. Éticamente también. Intenté superar la piedad. Pero había algo que no me dejaba en paz. Hipocondríaco como soy por tradición familiar, sabía que luego iba a quedarme como loco por seis o siete meses, fantaseando el momento en que me dieran el resultado del test. Ese fantasear iba a ser insoportable, como una sombra pegada a todo, secretamente culpable (con qué cara iba a seguir cogiendo con otros tipos sin decirle "mirá, flaco, el otro día me acosté con un tipo que me dijo que era positivo, pero nos protegimos, no te preocupes"). Un horror, era una cadena de escenas inmanejables que se cortó cuando el chico tocó a mi puerta. Vino muy bien vestido y perfumado. Era un hermoso mancebo de ébano, con una piel preciosa. Conversamos. Yo estaba supernervioso. Me tomó de la mano. Yo no podía seguir. Sentía piedad por él, por esa marca, ese peso que debe ser llevar conscientemente el saber de la que es por ahora una irreversible infección. Intenté darme un tiempo para ver si me relajaba. Conversé de cualquier cosa. Le ofrecí un té. Lo aceptó. Fui a la cocina a prepararlo. Me dijo que se había olvidado algo en su auto. Salió y no regresó más. Sentí como un alivio mientras el agua hervía y hervía y él no regresaba. Era como si me hubieran liberado, como si yo mismo me hubiera liberado de un compromiso conmigo mismo fraguado por la piedad, por los prejuicios. No estoy preparado para ese desafío. No sé si lograré estarlo alguna vez. Siempre me imagino que alguna vez estaré en el lugar de Ricky o en el del negrito. Y apreciaré, como ellos, cierto esfuerzo del otro por superar su piedad, y cierta ternura, como yo traté de brindarles incondicionalmente, más allá de mi ignorancia. Política sexual del avestruz. Es posible hundir la cabeza en el piso, no mirar, hacerse el boludo. Mañana, hoy tal vez, aparecerá un chongo deshonesto, que me meterá su pija en la boca, que segregará su lubricante dentro de ella, que me pasará su lengua jugosa por mi ano, que hará un montón de cosas, menos inseminarme. Yo me quedaré ilusionadamente resguardado en la protección precaria del condón.

La carne, como un exceso—según Bataille—se opone a la ley de la decencia. La carne como una ebullición, como un estallido que nos devuelve a la animalidad, temporaria, y nos confronta, por un instante, con la continuidad de la vida. Pequeña muerte que nos une a la vida, he aquí la paradoja. Es interesante que Bataille no nos haya dejado una simbólica del semen. Es cierto que habla de la sangre. No toda secreción, sin embargo, proviene de la tormenta erótica. Bataille sitúa cuidadosamente esto en relación a los órganos de la reproducción, y hasta menciona el horror a la sangre menstrual. La leche materna es, sin embargo, un fluido que también proviene del cuerpo, y de la sangre, y sin embargo, no siempre es erótica. Se ha comparado o se designa como "leche" al semen. Justamente, el lenguaje popular hace converger estas experiencias de cesión y recepción de lo lechoso. Se dice así "hermanos de leche" para indicar que dos personas han sido amamantadas por la misma mujer o bien—avatares del chiste—inseminadas por el mismo hombre. Es como si el lenguaje promoviera una equivalencia indiscriminada entre el macho y la hembra, ya que ambos pueden amamantar (a su manera; se usa, incluso, el verbo 'mamar' para referirse a la fellatio) o ser amamantados.

Sin embargo, la eyaculación es preponderantemente erótica, porque no puede darse sin un estado de descontrol de la decencia y de la voluntad, al decir de Bataille. El semen sólo emerge a condición de acceder a ese estado de convulsión interna, corporal en el sentido de cuerpo y alma, en la que se produce esa "ausencia de voluntad" de la que habla el francés. Justamente es ahí, alcanzado ese punto, en que el semen es incontenible y explota como pequeña muerte. La leche materna no surge de un torbellino de excitación interior, sino por la succión acompasada y regular. Algunas mujeres se quejan, a veces, del amamantamiento como una tarea dolorosa y hasta aburrida. Aunque esta misma succión (bucal, vaginal u anal) sea necesaria para la eyaculación, el cuerpo del hombre no puede explotar si no es por una conmoción erótica interna, en la que se pone en juego la dialéctica de la prohibición y la trasgresión. Es interesante, entonces, que el lenguaje anude semen y sangre, como cuando se dice, "son hermanos de la misma sangre", para indicar justamente que vienen del mismo padre (nunca he escuchado esta frase para indicar que provienen de la misma madre, ya que sería una perogrullada; en general, se dice, cuando son de la misma madre y padres diferentes, que son de "distinta" sangre). Pero aunque el semen pueda transmitir toda la información genética que tiene la sangre, no es la sangre, ni en su consistencia, ni en su color, ni en su valor erótico. Aunque se pueda morder el cuerpo del otro en un arrebato erótico, aunque se pueda degustar la sangre que surge de un labio delicadamente canibalizado y hasta hacer con el otro un pacto de sangre, la experiencia del semen no es completamente comparable. Aunque insistamos en asimilar lingüísticamente semen y sangre, nadie se siente inseminado cuando tiene una transfusión en el hospital, aunque pueda sentir la sangre del otro. En cambio, es imposible no sentirse inseminado cuando, dentro de sí, uno siente que se ha tragado (bucal, vaginal o analmente) el semen de un macho. Es interesante que el SIDA nos haya puesto otra vez frente a esta convergencia de sentidos. Sangre y semen vuelven a enlazarse como muerte. Una, otro o ambos pueden promover el contagio. Y aún así, persiste una diferencia. El contagio por sangre puede darse sin ningún exceso erótico, por un mero descuido hospitalario, por ejemplo, o una jeringa malamente compartida. Que estos fluidos (sangre, leche y semen) estén ligados a la continuidad de la vida y, por ende, a la imposición de la muerte, es algo indiscutible. Pero no es lo mismo tener la experiencia interior (para hablar con Bataille otra vez) de la sangre del otro (por transfusión), de la leche materna o del semen de un macho.

Y esto es lo que le reprocho un poco a mi querido ensayista. No haber ido más allá en esta exploración de la experiencia interior erótica, ligada a la simbólica del semen. Claro, se me podría contraponer el uso del semen en la genética actual. No es lo mismo dar o recibir eróticamente el semen que darlo o recibirlo en un laboratorio de fertilización, por ejemplo. Pero aún así, en esta comercialización del semen, me temo que el macho que cede su semen y lo derrama en un tubo de ensayo, tiene que convocar, al menos por un instante, una fantasía erótica que lo arrebate internamente, para que los órganos se alteren al punto de alcanzar ese exceso del que ya hablamos. Según me han contado, los ponen a los tipos con revistas o videos para que se calienten. La que lo recibe, lógicamente, puede no tener ninguna reacción erótica. Y aquí hay otro camino a seguir: a ningún homosexual masculino se le ocurriría eróticamente hacerse inseminar artificialmente en un laboratorio. En todo caso, si esto ocurriera, no formaría parte de su homosexualidad sino de su neurosis o perversión. De esto concluyo que la experiencia erótica homosexual está muy ligada a la sesión del semen. Es siempre una fiesta ver la eyaculación. Y la pulsión escópica no puede nunca resistirse a ello. Aunque algunos sientan inmediatamente cierta náusea al ver el semen derramado, incluso su propio semen (al que ni siquiera se atreven a tocar, como si fuera un tabú), el surgimiento del semen, sobre todo cuando explota con violencia, cuando "salta", cuando parece responder a un largo proceso de almacenamiento, cuando denuncia su propia abundancia y reserva, como un capital ahora completamente derrochado, es siempre parte de un sentimiento sagrado y festivo. Ni hablar cuando, en aquellos tiempos pre-SIDA, uno podía derramarlo en la interioridad del cuerpo del otro, o uno podía recibirlo y atesorarlo como símbolo de una posesión, temporaria, claro está, pero no menos sagrada.

Esas náuseas se deben, si seguimos a Bataille, a esta etapa profana, en la que ya no hay lugar para la transfiguración sagrada. Náuseas como las que nos ocurren cuando pensamos, frente a un apetitoso bistec, en el horror holocáustico del matadero. Frente al semen, la náusea proviene de verlo dentro de un condón o bien derramado en cualquier parte, menos donde debería, en la interioridad del otro, sea boca, vagina o ano. Si dejamos de lado la experiencia inmediata de sentir la posesión, sea porque el macho siente que invade el cuerpo de la mujer o de otro hombre, sea porque la mujer o el otro hombre sientan que tienen algo del macho que no puede fabricarse industrialmente en ninguna otra parte, salvo en ese cuerpo que se excede, es evidente que la náusea proviene de la des-erotización de la vida contemporánea, o de su erotización generalizada que, como toda amplitud ilimitada, termina invisibilizándose a sí misma.

Barthes decía que lo erótico no era el cuerpo desnudo, sino esa aparición-desaparición, como el fort-da freudiano, de un poco de piel entre el suéter y el pantalón. Seguramente admitiría que el erotismo, desde esta perspectiva de la simbólica del semen, responde a la misma alternancia, a ese emerger por un instante de la profundidad oscura de un cuerpo y, casi sin ver la luz, o sin verla en absoluto, pasa (y sólo es percibido por la imaginación) a otra oscuridad corporal. De él a ella, de él a él. Lo que estaba en el cuerpo de él, está ahora en el otro cuerpo. Cedido y absorbido por la convulsión erótica, más allá de la decencia y de la voluntad reflexiva. El carácter pulsativo del semen lo analoga al carácter pulsativo del inconsciente, ese aparecer y desaparecer de lo inesperado, como en el lapsus lingüístico, por ejemplo.

El mundo contemporáneo ha instalado una distancia entre los amantes. Una distancia no siempre atribuible a la tecnología. "Voy a apagar la luz —dice el famoso bolero— para pensar en ti". Me animaría a decir que la distancia es la que produce la náusea. Me imagino que cuando los amantes, por estar separados, se presienten y sus cuerpos se convulsionan en esta evocación, sienten náuseas después de la masturbación. Esta náusea de la separación de los amantes, no debe ser peor que la posterior a una masturbación por convulsionarse ya no con el amado, ya no con la amada, sino con una imagen impersonal ofrecida por una revista, la pantalla de una computadora o cualquier otro procedimiento mediático. Admito con Bataille que lo profano es una imposibilidad de retornar a lo sagrado, en el sentido de que hay náusea cuando el semen se derrama sin posibilidad de hacer presente la muerte y la reproducción. Aunque la experiencia homosexual masculina justamente sea la imposibilidad de reproducirse, el erotismo está igualmente allí sobre el marco de fondo de esa trasgresión, que promueve ese gasto improductivo absoluto. La masturbación de los amantes distantes, no importa el calibre de su excitación, nunca alcanzará para hacer presente la muerte y la posible reproducción.

La pregunta que se nos impone aquí es por el erotismo lesbiano. ¿Qué trasgresión supone lo erótico lésbico, fuera de toda presencia material del semen, que se coloque en la dimensión de lo sagrado de Bataille? ¿Tendremos que ir tan lejos como para pensar una simbólica del semen no atenida a la corporalidad masculina, a la presencia material del pene? Se puede hoy (pero esto no explica el lesbianismo del pasado) acceder al semen evitando todo contacto con la turgencia masculina, la penetración y la eyaculación. Tal vez sea necesario imaginar que la simbólica del semen no está necesariamente unida a la materialidad del semen, sino a ese momento casi instantáneo en que el cuerpo secreta la sustancia viscosa y blancuzca, ésa que muchas prostitutas (tanto de hoy como del pasado) detestan con asquerosidad, con náusea. La mujer no enamorada, prostituta o no, el muchachito forzado al rol receptivo, no pueden evocar la muerte y la reproducción, sino sólo la violencia, la violencia del otro, su erotismo descontrolado pero no consensual. No tienen orgasmo. Por eso aborrecen del semen. La simbólica del semen, si es parte del erotismo, requiere que la ceremonia de ceder y tomar el semen sea, para usar un término tan cargadamente político, bilateral.

Bataille tiene, en este sentido, algunas intuiciones geniales. La experiencia erótica, para él, está ligada a ese momento en que vida y muerte se conjugan. Es mediante el erotismo, o incluso mediante el sacrificio, que nuestros cuerpos en convulsión vislumbran un instante en que la individualidad, esa discontinuidad de cada cual, se desgarra y se abre para acceder a la continuidad del ser, la ausencia—dice Bataille—de particularidad. La muerte y la vida, como continuidad del ser, son lo impersonal. Bataille ve muchas veces la experiencia erótica desde la óptica masculina, como ese momento en que el hombre desea y desnuda a su presa (a la que Bataille supone siempre femenina) con el fin de penetrarla. "La mujer—nos dice con su prosa magistral, tan alejada del academicismo queer tan semióticamente inconsistente, deserotizado—en manos de quien la acomete, está desposeída de su ser. Pierde, con su pudor, esa barrera sólida que, separándola del otro, la hacía impenetrable; bruscamente—agrega Bataille—se abre a la violencia del juego sexual desencadenado en los órganos de la reproducción, se abre a la violencia impersonal que la desborda desde fuera".

Sin duda, el vano discurso académico de hoy no iría muy lejos y hasta es completamente previsible lo que diría de esta cita. Criticaría la posición pasiva de la mujer, su incapacidad de desarrollar su propia convulsión erótica, como si su erotismo fuera una mera reacción al deseo rapaz masculino. Con un poco más de sutileza, y no sin razones, alguna feminista lúcida criticaría la supuesta impenetrabilidad del hombre. En un debate lacaniano, y claro está, muchas veces enceguecido por su propia ortodoxia, no faltaría la ya archiconocida crítica sobre la maternidad como una experiencia propia de la feminidad. Me temo que Lacan, que debe haber leído a Bataille o escuchado algo por boca de Silvia, se hubiera interesado por esas cosas. Por ejemplo, que la frase de Bataille comienza con "La mujer....", donde la mayúscula podría ser leída no tanto como requerida por ser comienzo de párrafo, sino como indicando otra experiencia, que está más allá de la fálica. Esto ya complicaría la lectura del párrafo y mandaría al carajo las quejas de los académicos. Hay una experiencia, parece decirnos Bataille, que está más allá de la reproducción, que agita a La mujer desde afuera. Veo que por aquí podríamos intentar vislumbrar la experiencia lésbica. El erotismo lesbiano como agitado desde afuera, agitado por una violencia impersonal, es esto lo que resulta fascinante de la intuición del francés. Me animaría a decir, a costa de ser acusado por todo el mundo y sin haber cotejado ninguna encuesta, ninguna estadística, que el porcentaje de crimen entre lesbianas es mucho más alto que entre los homosexuales masculinos y, probablemente, entre los heterosexuales. Me refiero a los crímenes pasionales, causados por un disturbio erótico. La presencia de la muerte, se me ocurre especular, tiene que ser más intensa en el erotismo lésbico que en ninguna otra parte. Sin duda, esto que la desborda, no viene del adentro, como el semen, sino desde afuera. Como en la experiencia mística. Pero, como digo, yo no puedo más que especular: tendremos que esperar a que las lesbianas se dignen a hablar de su erotismo, o al menos, de qué piensan de estas intuiciones de Bataille.

Una vez, hace mucho tiempo, estaba en un bar cerca de la universidad y había dos muchachas muy bellas conversando. Yo leía, pero aun así no pude dejar de escuchar parte de la conversación. Una dijo: "¡Mirá ese tipo qué bien que está!" La otra miró y, un poco sorprendida del gusto de su amiga, replicó: "¡Pero es horrible de cara!" La primera muchacha miró a su amiga en los ojos, muy sorprendida y exclamó: "¿Qué importancia tiene la cara? A mí los hombres me gustan de la cintura para abajo".

Yo siempre he recordado esa conversación como algo sorprendente, algo que por entonces escapaba a mi inteligencia. Para el amor cortés, la cara, los ojos y la boca siempre fueron la brújula que guiaba el laberíntico deseo de los hombres, de los caballeros. Ahora, después de tantas lecturas, podría afirmar que lo que me separa de aquella muchacha es que soy más homosexual de lo que suponía. Tengo que confesar que en aquellos tiempos y hasta mucho después, yo adopté la filosofía de aquella mujer. Me empecé a despreocupar un poco de la cara, especialmente de las caras bonitas que las fotonovelas de mi infancia o la TV y el cine norteamericano nos metían en la cabeza. En la adolescencia, yo recuerdo, venía de ver películas de Hollywood, en las que aparecían esos rubios, con la piel dorada por el sol, con esos hombros de percha, y hasta el sudor del Lejano Oeste me parecía sensual, seductor. Me enamoraba de chicos de la escuela o del barrio que, aunque sin aquellos atributos anglos tan ardientes, de un modo u otro se les parecían. El chico rubio de ojos celestes era, para mí también, como para las otras chicas del colegio, el macho de los sueños.

Más tarde empecé a virar mi gusto hacia cosas más autóctonas, como los morochones que trabajaban en la verdulería, con esos cuerpos morenos, con hermosas facciones y piel aceitunada. Sin embargo, después de aquella conversación de las chicas en el bar y después de unas cuantas experiencias sexuales concretas, me certifiqué, desde la apreciación femenina, que lo que importaba era, decididamente, lo que había en los hombres de la cintura para abajo. Esto, sin duda, se sumaba a mi constante predilección por los muslos y las piernas masculinas, especialmente demarcadas por el jean. Siempre me volvieron loco—y, por aquella época, hasta loca—las piernas del hombre, el buen culo y sobre todo el paquete, que estos guachos siempre dejaban sobresalir, pero con el detalle de que eso era algo no intencional, natural, lo que le daba más encanto aún. Pura naturaleza ofrecida, como al descuido.

    Así fue que durante bastante tiempo me dejé guiar por la brújula que esta muchacha había puesto en mis manos. No llegué, como otros homosexuales amigos míos, a discriminar por tamaño de aptitudes. Si al sacarse los pantalones, su instrumento resultaba chico, pues esperaba para ver con qué otro recurso lo había dotado dios. Y casi nunca fallaba. A pesar de mi control de manos y pies, y hasta de nariz, a veces la táctica resultaba fallida, porque frente a pies grandes, o nariz grande, a veces el miembro era desproporcionadamente pequeño, al menos en relación a las estadísticas. Casi nunca fallaban las manos, eso es verdad. Un tipo con una mano enorme pocas veces tiene un miembro que no corresponda al tamaño de su mano. La naturaleza en esto no suele ser tan mala; en general, ella no humilla tanto al hombre haciendo que su manota enorme busque en la bragueta un pene diminuto. Pero, de todos modos, puedo certificar excepciones a las reglas. Los miembros grandes, que tanto atraían mi atención, y me refiero a los muy grandes, no siempre me satisfacían, porque me anestesiaban el recto a tal punto que luego me era difícil sentir lo que buscaba sentir, al hombre dentro de mi cuerpo, su potencia, su afán y, en épocas sin SIDA, su final de espasmos y borbotones. Así que empecé a desacralizar el mito de los penes enormes, en favor de cosas más manejables. Sea como fuere el tamaño, lo único que realmente me molestaba y me sigue molestando, y creo que la muchacha de la conversación coincidiría conmigo, es cuando la ponen y se vienen. Y te dejan ahí, insatisfecho. A algunos hombres les cuesta entender que el receptor, sea hombre o mujer, necesita más tiempo para asimilar, primero, la violencia de la penetración que, sea dulce o sea agresiva, sea fuertemente deseada o no, es siempre un cuerpo intruso dentro del cuerpo propio. Segundo, les cuesta entender que el cuerpo de uno tiene que asimilar el tamaño, la temperatura, la irradiación de energía del miembro erecto, acostumbrar las membranas propias a la piel del pene ajeno y luego, solamente luego de todo eso, uno puede estar listo para disfrutar y tener un orgasmo. Si hay besitos, eso ayuda. Si hay caricias, eso facilita. Si el tipo se pone a buscar eyacular a como dé lugar, a descargar, como quien dice, en vez de ofrecer placer, todo se va al carajo. Por eso, lentamente, fui apreciando otras cosas, otras cualidades que no tenían necesariamente que centrarse en el tamaño del miembro.

Recuerdo una vez que conocí un moreno, en un bar gay de Arizona. Yo estaba con amigos y le dije que me llamara por teléfono. No era nada atractivo, pero tenía un pecho grande y unos hombros levantados, esbeltos. Y buenas piernas. Feo, bien feo de cara. Pero, como ya he dicho, eso no me preocupaba en absoluto. Vino unos días después a mi departamento. Cuando empezamos con el precalentamiento, mi mano se deslizó hacia su bragueta, que crecía en proporción geométrica. Cuando se bajó los pantalones, vi el pene más enorme que, confieso, he visto hasta hoy que escribo estas líneas. Y confieso que no son pocos los miembros que he podido apreciar y hasta gozar en lo que va de mi vida.

Inmediatamente supe que si me dejaba penetrar, amén de que ya estaba el SIDA entre nosotros, no sólo me iba a contagiar al tiro, sino que iba a sangrar como nunca. De más está decir que este hombre no podía usar condón, no había en el mercado para su tamaño, ni siquiera los *Xlarge* le servían. Le pedí que ni lo intentara. El insistía. Me dijo que su novia a veces lo dejaba que se la pusiera casi toda. Yo imaginaba a esta mujer y no sabía si envidiarla o compadecerla. Lo que verdaderamente daba la clave era ese "a veces", que demostraba que ni siempre se dejaba ni siempre se la comía toda. Le rogué que no insistiera. Eso sí, algo tenía yo que ofrecer. Después de todo había accedido a viajar hasta mi domicilio. Era de esos machos que, con mujer o con hombre, van a lo suyo y que, a la mejor manera de nuestras tradiciones (aunque no era hispano, sino negro), no daba por culminada la sesión si no se corría adentro de su compañero o compañera.

Empecé entonces a jugar. Era tan grande su miembro, que no podía dejar de admirarlo. Grande casi como mi brazo; recuerdo que con mi mano no lograba abarcarlo, de tan grueso. Menos aun podía agarrarlo y mis dedos dejaban casi la mitad del perímetro sin cubrir. Lo besaba, lo ponía por todos los huecos de mi cuerpo y me moría, literalmente, por ver salir la leche de esa fuente descomunal. Me imaginaba los borbotones calientes y blancos, como explosiones maravillosas de la vida, salpicando la cama y cayendo finalmente sobre su piel oscura, como lunares de placer. Se quedó dormido, pero su miembro seguía erecto. Se negó a acabar frente a mí. Me dijo que su esperma era sólo para dejarla adentro de mi cuerpo o nada. Se vistió y se fue.

Varias semanas después me llamó por teléfono. Quería volver. Seguro que con la intención de penetrarme a toda costa o a buscar algo de lo que yo le había hecho y que, secretamente, le había gustado. Le dije que ponía una condición: que yo quería ver salir su esperma. Aceptó. Quiso venir inmediatamente. Como dije, era un hombre que iba a lo suyo, alguien que sólo se guiaba por su voluntad o su capricho, casi la misma cosa. Yo estaba con amigos en casa, en una cena. Le dije que lo dejáramos para el otro día. Aceptó a regañadientes. Y nunca, nunca volvió. Como siempre me ocurre, nunca logro saber si estos desencuentros, golpes de fortuna, son para mi suerte o para mi desgracia. Era tan fuerte que, de haberlo querido, bien me hubiera violado. No era de ese tipo de hombre, como muchos gays, que se conforman con chupadita o un jueguito cualquiera. Se hiciera lo que se hiciera, él venía a penetrar. De modo que yo sabía que si venía me ofrecía al riesgo, porque con o sin violación, su penetración y su eyaculación iban a ser no sólo dolorosas sino de un peligro absoluto, ya que, lógicamente, este hombre enfrentaba la desdicha de no poder protegerse y, además, de no siempre introducir completamente su miembro en el cuerpo de su partenaire. Muchos hombres con grandes miembros siempre me han contado su 'problema', que consistía, no tanto en el recurrido tema de poner una toalla alrededor de la pija para simularse que una parte de ésta no queda realmente afuera, sino en el dilema constante de o bien no satisfacerse plenamente o bien hacer sufrir.

Pasó el tiempo y aún hoy recuerdo la conversación entre esas dos muchachas. Hoy me doy cuenta de que aquélla a la que le gustaban los hombres de la cintura para abajo era una especie de feminista mal orientada. No sé si estos términos son políticamente correctos, pero siempre me sirvieron para orientarme en el berenjenal de las pasiones humanas. Una feminista mal orientada es aquella que quiere ser hombre, o ponerse a actuar como hombre o, finalmente, cosificar y fragmentar la figura del hombre. Claro está, el problema de estas feministas mal orientadas consiste, a mi ver, en tener una imagen totalmente deformada de los hombres. Confunden El hombre con los hombres. Los imaginan triunfantes, con todo a su disposición, sin restricciones de ningún tipo, con toda la naturaleza y el mundo a su disposición. Y, claro está, estos hombres casi no existen. La fachada masculina que estos pobres diablos se ven obligados a incorporar desde muy niños, y lo digo por experiencia, por todo lo que me costó resistir a estos mandatos, es algo cuyo sufrimiento sólo se compensa con la teatralidad de su poder. Puro semblante. Por supuesto, hay tipos que se creen todo esto y se convierten en unos incomparables hijos de puta. Pero en la mayoría de los casos, y lo demuestran especialmente los casados y los bi que pasaron por mi cama, no saben cómo zafarse de esta comedia siniestra que están obligados a representar. En fin, sea como fuere, la muchacha de la conversación correspondía al tipo de las que enfrentaban al hombre desde el despecho, desde una mítica controversia que le habían hecho creer a pie juntillas en la universidad. Entonces se vengaba apuntando su deseo estrictamente a aquello sobre lo cual se supone el pobre diablo—y el sistema cultural completo con él—funda la masculinidad: lo que está de la cintura para abajo.

Tendría que contar muchas cosas para hacerme entender. Mucha agua pasó bajo el puente. Tuve que desprenderme, primero, de los misticismos con los que me adoctrinaban en las clases de la facultad. Yo tenía varias cartas en mi mano con las que jugar. Primero de todo, era varón, y me había tenido que aguantar el proceso por el cual la familia y la escuela disponen cómo debe ser y cómo debe actuar un 'hombre'. Segundo, me había resistido poniéndome en el lugar de la mujer, y me había acostado con muchos hombres que me habían hecho sentir una dama codiciada y ardiente. Yo era, especialmente cuando me acostaba con casados o bisexuales, más que la mujer. Yo les ofrecía lo que las propias mujeres no les sabían brindar. Era la perfecta cortesana. Y pueden todos ellos certificar que jamás, entiéndase bien, jamás he intentado sacarle un hombre a una mujer. Después del disfrute los devolvía sin más a su hogar dulce hogar. Yo tenía otras cosas que hacer. Conste que algunos de estos casados fueron mis amantes por largos períodos, y muchos me amaron de verdad, testimoniando ese cariño en momentos difíciles. Por ejemplo, una vez, cuando me enfermé muy grave, uno de estos casados no se separó un momento de mí en el hospital y enfrentó todos los peligros y prejuicios que había intentado evitar durante toda la relación clandestina conmigo. Pero en ese momento no le importó. Yo estaba enfermo y él era mi hombre. Y allí se puso y allí se quedó, por los meses que duró mi convalecencia. Si esto no es amor, que baje dios y lo vea.

De modo que después de haber pasado por el entrenamiento varonil y por las vicisitudes de las mujeres, especialmente después de la charla de aquellas chicas, yo me había incluso puesto a vivir mi sexualidad como una feminista mal orientada, es decir, fragmentando al hombre, cosificando su ser, su belleza por reducción a lo que va de la cintura para abajo. Y un día me dije: yo soy homosexual y mi tradición (que gracias a dios nada tiene que ver con la cultura gay), es la tradición de la belleza masculina. Me puse a apreciar, pues, nuevamente, al hombre en su totalidad, no ya a los rubiecitos fetichizados de la infancia y la adolescencia, no ya a los morenos del mercado, no a los que prometían delicias de la cintura para abajo, sino al hombre entero. Feo o bonito, guapo o promedio, yo empecé a disfrutar no de la masculinidad concebida en términos de estatuaria al estilo de los gays norteamericanos o internacionales (me refiero a esa identidad performativa, basada en el orgullo y no sé cuántas horas de tortura en el gimnasio o esa obsesión por el leather), sino a la masculinidad más desgraciada (como ya dije, venían los pobres a mi cama con una masculinidad hecha pedazos, sufriente). Ellos venían con su maravillosa dimensión de precariedad, de necesidad de ternura, confundidos por su caprichosa compulsión a tener que demostrar que eran machos y toda la serie de mentiras que arrastraban desde que tenían uso de razón. Me puse a gozarlos, incluso, en su diversidad, en su propia particularidad, cada cual como cada cual, sin mitos, sin estereotipos, sin preconceptos, uno por uno.

Ya no me preocupa el tamaño del pene. Ahora me gusta esperar el momento en que, después de hacer su entrada de comedia, el hombrecito se empieza a despojar de sus máscaras y ofrece su ser en carne viva. Y no me refiero a las confesiones, sino a los lapsus, por ejemplo. No necesariamente, pues, me refiero a que se ofrezcan en su dolor; a veces me gusta ver ese nerviosismo que, al final—después de soltar las amarras de lo prejuicios, después de haberse permitido el goce—termina resultando bastante festivo. Ahora me gusta esperar el momento en el que él, solito, descubre y hasta verbaliza (cosa que no siempre hacen) por qué están allí, al lado, sobre o dentro de mi cuerpo. Algunos apenas entreven la dicha. Otros la confunden y muchos la descubren por primera vez, incluso después de haberse comportado como machos cabales, con cientos de mujeres en su historia, con esposa y hasta con hijos o incluso nietos. Yo les propongo como una especie de distancia imaginaria desde la que, en un momento, me miran. Y me ven no como un puto reventado, no como una marica descarriada, o como un perverso o un degenerado. Tampoco me ven como una mujer o como un hombre. Me ven como alguien que está allí en su singularidad gozando con ellos la suave libertad de lo que es posible gozar. Mi cuerpo les ofrece todo eso que está más allá de sus pesadillas.

Dejando de lado el SIDA, que nos ha jugado tan mala pasada, mi cuerpo puede ser disfrutado y hasta inseminado sin que ese acto se reinscriba en los mandatos sociales. Creo que esto es lo que perdió la cultura gay y creo que es por esto que yo me defino como homosexual. Quiero decir, mi cuerpo no se embaraza, no acorrala con niños, no impone paternidades, no amenaza con culpas atávicas por abortos, mi cuerpo no recurre a códigos jurídicos o religiosos que entrampen al otro a una historia con la mentira de "un amor para toda la vida". Nada de eso. Yo no pido matrimonio, ni legalidades de ningún tipo, ni adoptar bebés, ni vivir en guetos hipócritamente tolerados. Obviamente, tampoco reclamo el derecho a formar parte de las fuerzas armadas. Mi cuerpo no se define por la fidelidad sexual, sino por el respeto a la singularidad de mi acompañante, a su deseo, a su dicha. Y, en algunos casos, mi cuerpo se define hasta por el amor, por un amor fiel, que no pasa por la exclusividad sexual, ni la monogamia compulsiva, ni todos esos aparatos creados para impedir la felicidad. Tengo que confesar que algunos de mis amantes supieron entender esta dimensión, no de hombre a hombre, sino de ser a ser. El hombre no existe.

Yo siempre soñé con escribir una novela. Intentaba todo el tiempo diseñar una historia, con una lógica férrea que dominara tanto la secuencia de las acciones como la consistencia de los personajes. En distintos momentos de mi vida intenté escribir bajo estas convicciones, y nada. Primero, no lograba tener una línea argumental y, cuando tenía alguna, era banal o ya había sido escrita. Después, visto que la dificultad parecía estar en mi facultad imaginativa, en mi incapacidad de diseñar una cadena de episodios naturalmente desbarrancándose hacia un final que, para mi sorpresa y frustración, se me imponía desde el principio, me decidí a escribir sin ningún plan previo, nada prefijado, con la convicción de que, de a poco, la escritura misma iba a orientarme y a organizarse de tal modo que, sin quererlo, produciría la historia perfecta.

Escribía hojas y hojas, y nada. Basura, palabras, a lo sumo un episodio totalmente inventado de seducción que ni por asomo tenía ese encanto de los cuentos de Juan José Hernández. Imaginaba un triángulo amoroso entre un joven homo y el marido de su hermana, con escenas de coitos fugaces en el candor de la siesta, coitos arrebatados de furia y de culpa, de transgresión. Pero era algo que no había vivido y lo único que lograba era reescribir, y mal, al tucumano. No quería escribir cosas que necesariamente hubieran ocurrido. Tampoco quería que mi vida personal interfiriera con los personajes. Cuando intentaba una secuencia lógica, pronto se convertía en una novelita de amor gay, con final dulzón, a la manera de los folletines de amores héteros o, por el contrario, daba un giro trágico y convertía los acontecimientos en el preámbulo de un crimen, como si fuera una crónica policial escrita con lo peor de Arlt y de Puig. Me parecía que ya había demasiada literatura sobre los atormentados momentos de las locas, esos finales trágicos de Manuelas donosianas o esas historias truculentas llenas de perversidades como si se tratara de condesas sangrientas. Tampoco quería darle tonos heroicos ("nada de Molinas", me decía), y menos aún quedarme engañado en los protocolos del naturalismo. Era incapaz de obsesionarme por los cuerpos torturados o martirizados de los disidentes sexuales a la manera de Arenas, porque los no disidentes siempre me parecieron igualmente o incluso más torturados, como si llevaran el horror en la piel, a la manera de un tatuaje invisible.

Cada vez que intentaba avanzar con mis mamarrachos, la literatura me hacía esas malas pasadas y terminaba escribiendo personajes ridículos y hasta dando la sensación de que las historias tenían moraleja. La misma escritura se encargaba de aglutinar imágenes bajo una cierta figura del personaje, bajo cierta unidad, cierta identidad, bajo cierto decoro, incluso cierta decencia lingüística, completamente absurdos, avejentados. Y eso no era lo que yo quería.

El presente y el porvenir se escapaban de estas imposiciones formales. El movimiento de la prosa incluía y excluía cosas, evitando contradicciones, como si fuera una máquina la que escribía y no yo. De la literatura mal llamada 'gay' me disgustaba que los personajes fueran siempre modelos de algo, que intentaran probar algo (una ética, una doctrina, una tesis), y encima probarla siempre para los héteros, acomodarla a la visión de los heterosexuales. También me disgustaba que nos presentaran siempre como chapuzando en la basura urbana, metidos en los baños o chupando vergas en los cines de mala muerte, como si no pudiéramos tener otras habilidades. Me molestaba siempre llegar a cierto punto en que las narraciones abandonaban la contradicción, ese hojaldre maravilloso de subjetividades múltiples que puede alojar un personaje, para conformarse con una "coherencia" falsa o para, finalmente, dar paso al final del relato. A mí nunca me interesaron las identidades y menos aún como eco de ciertas políticas.

La novela, con sus reglas y sus exigencias, siempre me imponía escribir en función del pasado, un pasado que se inscribía bajo la forma del personaje, de la historia bien contada, de la lógica de la acción, del personaje bien estructurado. Y entonces empecé a sospechar que tal vez lo mejor era escribir fuera de todos esos corsets narrativos o literarios; de pronto me di cuenta de que todas esas lógicas, esas coherencias, esas identidades eran el pasado mismo que no abría paso a mi experiencia del presente, del presente efectivo y, sobre todo, de lo que en el presente es semilla del porvenir. Cada vez que me ceñía con esos corsets, me daba cuenta de que el presente y el porvenir se escapaban de mis manos.

Luchaba y luchaba contra esta máquina literaria. No lograba desprenderme de su artificialidad. No avanzaba, mi relato no avanzaba, justamente porque se me imponía la forma relato. De pronto me di cuenta de que no tenía sentido someter a la forma relato lo que tenía que contar, que yo no buscaba historias, sino experiencias, o en tal caso, la historia que se puede adivinar en una experiencia, en un acontecimiento, en un chisme, en un fragmento de vida. Me interesaba el coágulo o la idea de escritura iceberg. Era, pues, la máquina literaria misma la que me impedía escribir lo que yo quería, esto es, vislumbrar, aunque sea de costadito, el deseo homosexual en un momento de su historia contemporánea, en un momento de grandes cambios históricos de la escena mundial. Era el deseo homosexual que animaba mis fantasías y mis encuentros amorosos y el de muchos otros, en ciertos lugares, en ciertas regiones, en los desarraigos, en los éxodos, en los exilios y en sus flujos secretos. Fue entonces cuando me di cuenta de que nunca iba a escribir una novela, al menos una novela clásica, una novela maquinal, una novela coherente.

Me dejé entonces llevar por el flash narrativo, por la mezcla, por la viñeta, o lo que insistiera en escribirse. Algún día, en algún lugar, alguien dará sentido a todo esto, me decía. Alguien adivinará alguna vez la parte escondida del iceberg, la lógica de la historia que recorre estas experiencias, las de este presente arrebatado por el futuro. Alguien medirá el peso de los residuos del ayer metido en cada fragmento y valorizará el esfuerzo por liquidarlo o lanzarlo al porvenir. Tal vez, me decía, haya un orden escondido, un sistema, otra máquina que no puede aún nombrarse. Pero eso no era algo que tuviera aún la fuerza de reprimir mi tarea. Después de años de intentar sacudirme todo lo que llevaba en la mochila, finalmente logré aligerarme lo suficiente como para poder escribir. Me transformé así en un perro cínico, y produje este texto.

Mis amantes chinos están casi todos casados. Si no lo están es porque son muy jóvenes. Eso sí, cuando jóvenes, tienen que mostrar una novia (muchas veces la muchacha es parte del paquete con que acuerdan algunas familias respecto a ciertos negocios), deben ir al servicio religioso o estar a la hora de comer, sea almuerzo o cena, en casa. La familia unida, unida en el silencio de sus pasiones, de sus tabúes, de sus secretos. El hijo ha hecho, como Eriq (así lo escribe el chinito en el chat), una cita conmigo para después de cenar y va a venir a cogerme antes de sacar a su novia al cine. El hijo cree que el padre no sabe, que nunca va a enterarse. Un día se va a casar porque, como me dicen ellos mismos, son chinos. Los chinos—según parece—se casan siempre. A uno de mis amantes, Peter, su familia lo casó—sería mejor usar aquí la voz pasiva del inglés y decir que Peter fue casado con un matrimonio arreglado con la familia de la novia. Según me cuenta, se llevan bien pero nunca han tenido relaciones sexuales. La familia ahora presiona por la descendencia. Ellos viajan como amiguitos. No la pasan mal. Peter, al menos como personaje de esta comedia, viene una o dos veces por mes a satisfacerse en mi casa. Según él, el gran problema de las mujeres chinas, incluso cuando tienen sexo con sus maridos, es que no quieren mamarla. Peter se desvive por una mamada. No puedo certificar si esto es etnográficamente correcto. Mi dulce Mike, por su parte, otro chino estupendo, tan fino y educado que da gusto estar con él, también fue casado por su familia y tiene hijos, pero viene casi todas las semanas y me fifa como los dioses. Nunca, of course, en sábados o domingos. Siempre se trata de escapadas que se hacen cuando están trabajando. Y no pueden ni pensar en salir de esta situación, justamente porque trabajan en el family business.

Volvamos a Eriq. Picture it. Lo interesante, al menos para mí, es que el hijo está sentado a la mesa pensando que el padre no sabe nada de sus escapadas con los hombres. Pero el padre también está en silencio, porque seguramente (si no es el de Eriq, es el padre de otro) debe tener una cita conmigo (es decir, con cualquier loca) durante la semana, y los sábados y domingos la juega de modelo paterno, respetable, religioso y dominante. ¡Quién sabe en qué andarán la hija y la madre! Mi investigación no llega a tanto. En el fondo, esto ocurre en todas las culturas, con mayor o menor frecuencia. Como en las mejores familias, de eso no se habla.

Hay culturas, como parece ser la china y sin duda la hispana, en que todavía no hay tanta posibilidad de liberar la palabra. Abrumadas o carentes de peso cristiano o católico, de aparatos de confesión, estallan un poco con los exilios y las migraciones. Chinese-American, puede ser justamente el lugar de la confrontación. Algunos se americanizan y entonces salen del closet y van a las marchitas del orgullo, donde compran porquerías y beben hasta el hartazgo. Otros permanecen más ligados a lo chino o a lo "latino", y entonces se casan y llevan una doble vida. Pero lo cómico es que estos tipos que pasan por mi cama, solteros o casados, terminarán jugando a papitos decentes en el futuro. Se sentarán a la mesa e impondrán respeto y no permitirán ni que se insinúe la posible orientación homosexual de sus pichones. Se sentarán a la cabecera de la mesa, impondrán sus horarios y sus leyes, como si tuvieran una hoja de servicio sexual completamente inmaculada, unidireccional, de orientación hétero indiscutible. ¡Qué maravilla es el hombre!

Activo es en nuestra cultura hispana aquél que penetra y al hacerlo define las condiciones básicas y mínimas de la masculinidad. Pero para algunos tipos que ofician de top—según me cuentan desde la perspectiva de la otra cultura—es también el que trabaja. Algunos activos/top a veces se dejan penetrar, cuando no tienen ganas de "hacer todo el trabajo". Activo es también el que controla la situación, según dicen otros. Otros confunden las cosas y simplemente se tiran como cadáveres sobre la cama y dejan librado al pasivo o bottom la provisión de placer. Luego se incorporan al final, un poquito; la meten y con eso justificaron toda su "actividad", toda su "masculinidad". Hasta aquí llegan las observaciones de campo o bien lo más granado de la bibliografía.

Me gustaría, por eso, ver si puedo llegar un poco más lejos mediante una visión introspectiva y retrospectiva. Yo también tuve mis etapas de actividad, no todo es moño rosa en este valle de lágrimas. Recuerdo mi actividad como algo compulsivo, que se me impuso y que hasta me llevó al centro de cierta violencia. Ilustremos esto con la historia de Mario, un hermoso ejemplar masculino, tipo moruno, que conocí en Tucumán. Era del sur de la provincia y, en realidad, más que yo conocerlo, él me conoció a mí. El lenguaje siempre es insuficiente.

Un día, en el lobby de un hotel de la provincia donde hacíamos teatro, recibo un llamado telefónico. El conserje me avisa que tengo un llamado y que conteste desde la cabina. Una voz sugestiva me dice que me está mirando pero que yo no puedo verlo. Me pide una cita. Yo dudo. Nunca entro en el juego del teléfono. Digo no entender de qué se trata. Del otro lado hay una reacción inmediata, una especie de acomodamiento. Me invita a tomar un café y conversar. Se disculpa por el contexto misterioso y promete explicarlo. Me da una hora y un lugar en la semana y allí me aparezco en punto.

Me siento en una mesa y al rato llega él, que dice llamarse Mario. Los ojos verdes son una dicha en el paisaje de su piel morena. Mario es muy masculino y hasta bastante dominante. Me dice que preferiría que fuéramos a otro lugar más reservado. Accedo y propongo ir a mi casa. Allí me cuenta que tiene novia, que yo lo deslumbré, que siempre quiso tener una experiencia con otro hombre y nunca se animó, que cuando me vio supo que había llegado el momento. Estaba tenso y siguió tenso. Después de tomar unos mates y de escuchar un poco su historia familiar, su bragueta comenzó a crecer tan sugestivamente que poco es lo que recuerdo de lo que dijo. Sólo recuerdo, por cosas que hablamos después, que ese día me dijo que su familia tenía tierras y que cultivaban verduras. Un día se apareció con un cajón de pimientos como regalo y ofrenda amorosa y tuve que repartirlos al día siguiente por todo el barrio antes que se pudrieran. Como se ve, Mario ni siquiera entraba en la fantasía de un pastor garcilasiano.

Pasamos a la cama y su masculinidad estalló con una fuerza de huracán, de terremoto. Mario acabó dos o tres veces y su pingo se mantenía duro y firme como si nada pudiera aplacarlo. Se movía con rudeza y su tensión nerviosa no cedía. Después de cada polvo, se reprochaba culposamente lo que estaba haciendo pero no intentaba tampoco irse, porque su erección era implacable. Al final se vistió y al salir me dijo que si lo veía por la calle que no lo saludara, que hiciera como que no nos conocíamos. Me dijo que no íbamos a vernos nunca más. Yo, completamente exhausto, decía sí a todo.

A las tres o cuatro semanas, Mario reapareció en mi departamento. Traía unos choclos, creo. Venía con una calentura de cuatro semanas y sin besarme ni decir palabra, me empujó hasta la cama y, con la rudeza campesina que lo caracterizaba, me hizo feliz más de una vez. Me sorprendió que se hubiera afeitado la zona genital. Le pregunté por qué lo había hecho y me dijo que eso era más higiénico.

Lo cierto es que Mario tenía el pelo ensortijado y grueso, y su barba y el vello púbico eran consistentes. Una vez afeitado, me pinchaba, me molestaba su textura cuando se la mamaba. Esta vez me dijo que quería que nos viéramos más seguido y así sucedió. Mario comenzó a visitarme dos, luego tres y hasta cuatro veces por semana. A medida que transcurrían los encuentros, Mario iba perdiendo su agresividad de machito con urgencia y se iba relajando más y más. Se quedaba más tiempo, incluso después de acabar. A veces conversábamos y hasta tomábamos mate y luego íbamos a la cama otra vez. Lo único que rehusaba hacer era ir a tomar algo, salir, ver una película. De haberlo hecho, hubiera sido el amante perfecto.

Con el tiempo, Mario se fue entregando al placer. Me empezó pidiendo que le metiera el dedo en el orto mientras se la chupaba. Que se lo metiera más, que moviera mi dedo, que pusiera más cremita. Luego comenzó a darse vuelta y quería que le masajeara la cola. A medida que transcurrían los encuentros, Mario iba perdiendo su fachada agresiva y comenzaba a explorar más mi cuerpo. Poco a poco se fue acercando a mi pija y lentamente se fue encariñando con ella. La besaba, más tarde la comenzó a chupar y luego ya quería tragarse la leche. Eran tiempos sin SIDA. Unas encamadas más y Mario estaba rogándome que le frotara mi verga por la raya de su culo moreno y con un poco más de apetito, un día me rogó que se la metiera. Según él, quería sentir qué sentía yo cuando él me la metía. Desde esa vez, tuvimos un período que hoy llamaríamos de mutua versatilidad. Yo lo cogía y luego él me cogía. Rápidamente llegamos a la etapa final, que fue cuando Mario ya no quería cogerme, pero me pedía desesperadamente que lo cogiera.

En esta historia, el proceso de Mario es justamente el negativo de mi propio proceso. Al principio me costaba soportar que me mamara; luego me empezó a gustar. Luego me molestaba que me pidiera que lo penetrara, pero lentamente comencé a tomarle el gustito al punto que un día, en esa etapa final en la que él era el único penetrado, vino con ganas de cogerme y yo no quise. Se puso furioso y después de cierto momento de violencia contenida, lo dejé que me penetrara. En ese momento sentí que ya no quería ser "pasivo". Cuando me cogía a Mario sentía un enorme placer. Al principio la frotación de mi pene en su recto me daba ardores y además me era imposible mantener la erección por mucho tiempo porque me venía enseguida. Con el tiempo, fui tardando más en acabar y al final de nuestra relación casi acababa para acceder al pedido desesperado de Mario, que ya no aguantaba mis cabalgatas.

 La historia con Mario no avanzó más de allí. Durante un tiempo desapareció hasta que un día lo vi de dueño de un bar en la facultad. Yo estaba con una amiga y él se hizo el estúpido, como si no me conociera. Al día siguiente regresé y, ya solos, me comentó entre susurros que se había casado y que tenía una niña.

 A medida que Mario iba debilitando su rol de activo, yo iba acaparando nuevas sensaciones. La idea de control o de trabajo que los tops americanos suelen comentar, no apareció en mi experiencia. Creo que mis sensaciones estaban más ligadas al canibalismo y la posesión. Comencé a sentir que quería penetrarlo hasta el fondo, hasta hacerlo chillar, que me pidiera más hasta que luego suplicara por mi leche y finalmente gritara que no podía aguantarla más. Lo activo era como una fuerza incontrolable que venía de mi propio interior, a diferencia de la experiencia del pasivo, del penetrado, que siempre depende casi enteramente del otro, de lo exterior a mi cuerpo. Al principio sentía como que mi pene desaparecía dentro de él y ya no sentía mi propio miembro, como una afánisis de mi pingo. Sentía sólo la salida de mi semen, pero no el pene. Más tarde, cuando ya podía conservar la erección por más tiempo, la sacaba y ponía a mi antojo y sentía la consistencia de mi verga dentro del orto de Mario, apretado y calentito. Me gustaba que él acabara primero, porque me gustaba sentir el apretón que producía el fruncimiento de su recto al momento de su eyaculación. Acabar sin tocarse lo volvía loco, pero luego que terminaba quería que yo hiciera lo mismo y al principio cedía. Pero lentamente fui rehusando hacerlo y entonces era cuando Mario sufría, porque después que él acababa, yo seguía serruchando hasta que se desesperaba. No sabía cómo decirle que mi impulso venía desde muy adentro de mi cuerpo y que no podía controlarlo. Allí fue cuando comenzaron muchas peleas.

    El goce del activo es el goce del órgano, no del otro. Es goce que empieza y termina en uno. Al menos ésa es mi experiencia. Es autosuficiente y brinda una sensación de plenitud cuando la descarga se ha producido completamente. Nada peor que quedar con un poco de leche adentro. El goce del activo es vaciamiento, como si el cuerpo fuera un volcán que entrara en erupción y luego se calmara. No parece promover continuidades sino disrupciones. No hace diferencia, sino que es siempre—al menos siempre que el coito sea exitoso— uno y el mismo, con éste o con aquél.

    Me costó salir nuevamente de la exclusividad del rol activo. No era esto lo que me interesaba o atraía tanto en la homosexualidad. Sin embargo siempre estoy pronto para la reciprocidad con la persona adecuada. El placer del pasivo es más misterioso, tiene más conexiones con lo culturalmente reprimido y marginado, con lo desconocido. Lo activo se apoya sobre la idea falsa de una masculinidad saturada de falo y, por cierto, apenas si esa masculinidad puede ostentar un pene, un organito completamente desproporcionado en cuanto a sus pretensiones. Lo activo como estereotipo de la masculinidad está demasiado en todas partes y es muy acotado. Aunque lo pasivo también puede quedar atrapado en esta mascarada de lo fálico, yo volví a mis más íntimos goces homosexuales en búsqueda del más allá del falo, de esa zona de la que poco o nada sabemos, de eso que está más allá de las mujeres mismas. La homosexualidad es o debería ser una permanente interrogación sobre La mujer. Y en esa andamos.

    Hay días en que las cosas parecen confluir hacia un punto determinado. Alcanzado ese punto, uno tiene que aceptar cierta predestinación a que eso sucediera, como si varios ríos alejados unos de otros, desconocidos entre sí, de pronto fueran a cruzarse en un punto (no digo desembocar en un mar, porque es metáfora remanida). Prefiero "cruzarse en un punto", después del cual vuelven a separarse y a desconocerse. Esos ríos también pueden ser hombres, y no sólo acontecimientos. Me explico. Estoy tomando mate, miro la televisión y veo una de esas miniseries americanas, creo que se llama *When Husbands Cheat*, o algo parecido o peor. Dramones del tipo bien americano, pretenciosamente realistas y extremadamente manipulados, donde, claro está, hay una familia, disfuncional como cualquier otra familia, y no solamente americana. Pues bien, en la película se ve a un marido guapísimo, de esos con los que las mujeres y las maricas nos queremos revolcar aunque sea por un minuto. El marido engaña a su mujer, la mujer se obsesiona y finalmente logra grabar y documentar la infidelidad de su esposo. Le muestra el video, el marido parece volverse loco. Ella dice que tomó los votos matrimoniales en serio y que él la traicionó. Sí, parece mentira que todavía se vean cosas así en la televisión. Deben seguramente tener un público, al menos una esperanza de público a la que se inculcaría que la fidelidad conyugal podría a esta altura de la historia tener algún sentido.

En fin, la cuestión es que yo estoy viendo esta pavada después que un tipo casado, que conocí en el chatroom gay, estuvo en mi casa toda la tarde. Es increíble cómo en el chatroom gay hay cada vez más tipos casados. Éste de esta tarde no era, al menos físicamente, como el de la película. Si el galán de la serie era un churro para comérselo entero, éste de mi siesta era un gordito, bien gordito, bajito, de esos cuya figura debe, seguramente, mantener tranquilas a las esposas: ¿a quién se le ocurriría que este gordito podría tener una amante y, menos aún, un amante? Esto es lo que se preguntan algunas mujeres e incluso algunas mariquitas despechadas. Todos los hombres son unos hijos de puta, dicen las mujeres (sin apercibirse de que tienen hijos), y también las mariquitas. Yo me pregunto, en cambio, a quién se le ocurre que un tipo—bombón como el de la película o gordito simpático como el de mi siesta—pueda refrenar su maravillosa vitalidad, sólo por "guardar unos votos" ridículos. Esto parece la contraparte del machismo, que menta que "todas las mujeres son putas".

Resulta una picardía, un desperdicio, una tacañería, que esos hombres y mujeres guapísimos reserven su belleza para una sola persona, resulta casi obsceno que no se prodiguen a otros cuerpos, a otros momentos, que no se expandan en nuevas experiencias. Un escritor argentino decía que no iba a haber revolución verdadera hasta que los hombres no socializaran su culo. Claro, resulta todavía medio machista la contrafrase no dicha de esta proposición: se da, parece, por sentado, que todas las mujeres son unas putas, que la vagina ya está socializada, y en cierta medida, cosa loca, que las mujeres ya se habrían revolucionado. Pero yo quisiera decir que también es necesario que se socialice la pija. Un tipo, y no solamente, digamos, como el de la película—que de sólo mirarlo uno se moja toda con semejante belleza—sino también los feos, una tipa, no digamos como Marilyn o la Loren, sino como Betty, la fea, tiene derecho a prodigarse en otros, a darse para el disfrute de otros. Lo que hay que socializar es la belleza, el acceso a la belleza, del cuerpo o del alma, a lo que sea bello para cada cual, para el gusto de cada cual. Socializar la belleza, cualquier belleza, es la única revolución.

Hablaba, al principio, de los ríos que confluyen. Pues es que yo me estaba con mi gordito y le hablaba de mis amantes casados. El gordito me contaba que tenía dos hijos, la parejita, el nene (mayorcito) y la nena (la menor). Todo un ideal. La sagrada familia. Y el gordito estaba tranquilo porque le fascinaba refregarse conmigo. Sus rollitos se me metían por cada rinconcito vacante de mi cuerpo y, tengo que confesarlo, me daban una voluptuosidad que, muchas veces, esos musculosos de almanaque, tan endurecidos en los gimnasios, ni con la mejor penetración me llegaron a provocar. El gordito besaba bien. Sonó su celular. Era su esposa. Quería que el gordito volviera a su casa en quince minutos, pero el gordito se quedó como media hora más conmigo. Y prometió volver. La mujer de la película, con semejante marido tan espectacular, debió (por lo menos 'debió') imaginar su futura desdicha en el momento de su casamiento. No hay derecho que asista a quien quiera refrenar el fluido de lo bello. La mujer del gordito, seguramente, se confía en que semejante ejemplar de marido no va a tener cabida en ninguna cama. Y sin embargo, el gordito retozó como loco en la mía. Y quién sabe en cuántas otras más. El gordito tenía su belleza, sus rollitos tibios, deliciosos, escurridizos como peces sorprendidos.

Le contaba a mi gordito de mis otros amores, de los casados, ésos que, en general, al menos con las maricas (o por lo menos, con maricas como yo), saben que no pueden poner su ley. Basta con que pongan su verga y ya. Pero no su ley. Esto siempre me dio bastantes ventajas, especialmente a mí que rechazo visceralmente la monogamia, esa estupidez ahora convertida en "valor" por los mismos gays (¡qué escándalo! ¡Hasta dónde ha llegado la podredumbre!). Los casaditos son lindos porque tienen una necesidad fuerte de disfrutar, porque suman cierto temor a ser descubiertos, porque aprovechan ese condimento que da la trasgresión o la clandestinidad, porque saben intensificar el placer en el corto plazo que tienen para el disfrute, porque no dejan espacio para que se instale la rutina, porque tienen un sentido lúdico de la relación, porque celebran conmigo todo lo que reprimen con sus mujeres en función de la decencia, porque hacen con uno, en un par de horas, lo que fantasean durante toda la semana, porque (al menos en épocas sin SIDA), podían coger sin la amenaza horrible de reproducirse, hacer de la leche todo placer, nada más que placer; coger a cualquier hora, cualquier día, sin menstruaciones, sin ovulaciones, sin días fértiles, dejando al semen fluir sin trabas, sin la posibilidad de que le exijan "cumplir como un hombre", casarse, dar su nombre a la criatura, o ir corriendo al banco a sacar los ahorros para pagar el aborto y, encima, vivir toda la vida con esa culpa... En fin, ventajas que siempre tuvimos las maricas sobre las mujeres. Yo siempre estuve consciente de todo eso. A lo que agregaría, si uno no es marica más que en la cama, que está también la ventaja de que, fuera de la cama, uno es un hombre corriente, que enfrenta la vida como hombre, con cierta audacia, como nos enseñaron en la escuela.

A mis amantes casados siempre les fascinó mi coraje, mi osadía, mi desarraigo, esa capacidad mía de aventurarme, de hacer y deshacer la realidad, de irme a donde me gustara, de marcharme cuando me provocara, de no tener ataduras. Claro, sí, se sufre. Pero, ¿quién no sufre? ¿O acaso los héteros, casaditos, con la familia modelo, no sufren? Porque, según nos cuentan o nos quieren convencer cuando nos quieren hacer sentir como fallidos, lo peor para una marica es quedarse sola, que su destino final es la soledad. ¡Vaya estupidez! Como si estos casaditos, con mujer e hijos, no llegaran a mi cama con una soledad visceral, esa soledad que va más allá de estar civilmente rodeado de gente. Por otra parte, nada hay más hermoso que la soledad. Volver a mi libro, a mi escritura, a mi música, a disponer del tiempo como me da la gana sin tener todo el día un marido alrededor que "guarda sus votos". Ay, dios me libre. Mi libertad es mi soledad y no la cambio por el mejor marido del mundo, ni tan guapo como el de la película. Que pasen unas horas, que compartan lo mejor que tengan y que luego se vayan. Eso es lo que estos casaditos, al menos conmigo, tienen que respetar. Aquí, en mi soledad, no mandan, aunque sean los más machotes del mundo. O los más bellos. Que me feminicen todo lo que quieran en el juego de la cama, pero después, a ducharse y que se vuelvan a la rutina de su hogar, dulce hogar.

No, no soy una excepción monstruosa. Mi hermano, mis amigos, otras mariquitas me hicieron sentir un monstruo durante años. Me costó mucho darme cuenta de la trampa. "Que te vas a quedar solo, que no vas a tener quién te cuide cuando seas vieja, que no debés ser tan intransigente (así le llamaban a mi suave libertad: intransigencia, y a veces hasta egoísmo) porque entonces nadie se va a quedar a tu lado, que debés ceder un poco, que hay que negociar si se quiere tener una pareja, que no hay nada como tener pareja, y serle fiel" y así y así con esta matraca toda la vida. Parece que la pareja, para esta gente, conlleva esta idea de amparo geriátrico o de enfermería. ¡Qué horror!

Pero yo he tenido a algunos de estos casaditos como "abonados" (permítaseme, al menos, usar este término que me viene de asistir a la ópera en el Teatro Colón: el abonado es fiel, fiel a la belleza, compra durante año su acceso al placer y asiste en días fijos durante toda la temporada). Algunos hasta estuvieron tres años conmigo e, incluso, otros hasta se hicieron los machos amenazando dejar a sus mujeres y, dios no lo quiera, venirse a vivir conmigo. Estos "abonados" compartieron conmigo cosas que no compartieron ni con su mujer, ni con sus hijos, ni siquiera con su madre. Algunos siguen siendo mis mejores amigos. Algunos descubrieron incluso los placeres del 'darse vuelta' y socializaron el culo, como quería el poeta. Y algunos, los más atentos, los más avispados, mandaron los protocolos a la mierda y se fueron a vivir solitos, a disfrutar de su soledad, de su talento, de la vida, de sí mismos, de la suave libertad. Y eso nos les impidió ser "buenos padres de familia". A veces pienso (¿o será que mi Enano Fascista piensa por mí?) que los pobres diablos, los marginados (y no sólo económicos, sino los marginados de la libertad) se inventan toda esa historieta de "armar una familia" para compensarse de tantas desdichas que sufren.

Porque los machos sufren tanta opresión como las hembras. "Hay que ser varoncito, no hay que llorar delante de la gente, hay que sacrificarse y aguantarse todo como macho, para eso son los machos", y toda esa parafernalia que les inculcan a los pobrecitos desde que nacen, hasta los obligan a cogerse una puta desconocida para certificarse como varón. Y algunos, claro, no pasan de eso. Se creen todo lo que les meten en la cabeza, de que la vida es buscarse una muchachita y hacer unos cuantos hijos, y encima las mujeres les exigen (y los hombres les exigen a ellas) que guarden los votos, que se pongan cinturones de castidad y le den la llave a sus maridos o que se cierren las braguetas con candados. Y así pasa la vida, y llegan cansados, aburridos, agobiados por la rutina, y encima sienten esa urgencia de la vida que pulsa, esa semilla de la libertad que quiere prosperar, y no logran más que tirarse de mala gana sobre quien tienen al lado, votos mediante, y en vez de amar y de disfrutar, simplemente descargan. Basta sólo ver cómo ese jovencito, otrora naturalmente atlético, luce una panza horrorosa después del primer año de casado, para medir la dimensión del estrago.

Yo siempre me pregunté a dónde irá a parar tanto renunciamiento, qué derroteros violentos promoverá esta terrible rutina del hogar, dulce hogar. Menos mal que se inventan rituales y fechas, cumpleaños de los chicos, la escuela, la comunión, los quince, el compromiso y así siguen los pobres reproduciendo, no la especie, sino el horror. Estos rituales, seguro, son lo que los repara de suicidarse. Menos mal que este hogar, dulce hogar, les sirve de consuelo para ejercer un poder sobre los demás, una compensación, si se quiere, socialmente asquerosa, con que se invisten frente a sus vástagos. Por eso en cada casadito que se mete en mi cama veo un ser hambriento (con todos los miedos que se quiera achacarle, con todas las penas que eso le provoque); veo, decía, un ser hambriento, al fin, de libertad.

Lo peor que podría sucederme aquí es intentar escribir una autobiografía. Género curioso, sin duda, por su pretensión de referencia y su solapada artificialidad. Lo peor que podría sucederme es intentar fechas, ordenar los fragmentos de la memoria en una cronología, inventar causas para supuestos efectos, es decir, lo peor sería intentar una ficción por medio de estos pobres recursos, una ficción con la pretendida intención de no serlo. Vano esfuerzo por construir un yo que yo no necesito. Vivir para contar. ¿Pero contar qué? Lo peor sería intentar una especie de biografía oficial, contando cosas que no le interesan a nadie o dando por supuesto que tengo una vida interesante. Y lo peor de lo peor sería, como hacen muchos, dejar de lado mi más secreta intimidad o postularme como un yo consistente que poco a poco se propone como ejemplo de la nación o emblema de la vida.

La memoria es siempre una forma de la ficción. Yo no intentaría nunca escapar de ella: la única posibilidad de alcanzar una migaja de la verdad, de al menos rozarla, es por medio de la ficción. Sin embargo, mi vida no está centrada en mí, en mi yo. El yo autobiográfico es totalmente una paradoja, casi una mentira, porque es siempre uno y todos. Mis historias son las de mis amigos, mis colegas, mis familiares, los desconocidos que pululan y murmuran, y las de ellos son también las mías. Ninguno de ellos, ni yo mismo, tenemos el prestigio cultural que justificaría una autobiografía, escrita metódicamente e imaginando que todo el mundo la espera. Vano sería intentar desbrozar una consistencia supuesta del yo y separarla de lo colectivo de ese yo. Entre ellos y yo la diferencia es completamente irrelevante.

La misma vanidad aparece cuando se piensa que el yo tendría alguna competencia especial en lo privado y una máscara determinada en la escena pública. En realidad uno se pone a escribir estas cosas cuando se da cuenta de que los supuestos pensamientos públicos son una porquería. Por eso sería completamente ridículo que uno le otorgara una identidad al autor, algo que lo individualizaría. Lo mejor es apelar a un seudónimo, un nombre cualquiera, el más pelotudo que se encuentre al paso. Lo importante es evitar que el lector se ponga en la tarea ridícula de cotejar documentaciones absurdas sobre la historia de una vida. El seudónimo es adecuado aquí, no porque oficie de máscara—en el peor de los sentidos—que oculta la auténtica identidad, sino justamente para que se sepa que ese seudónimo soy yo y es más que yo, es el yo que soy, el yo que escribe y que soy también el otro cuando escribo. La discontinuidad es ley en el sintagma de la memoria. Lo lejano, remoto, reaparece de pronto con toda su crudeza en el silencioso gesto, el hábito mudo, del presente. Lo importante es que mi propia vida y todas esas otras que evoco podrían constituir algo imprevisto, que surge y pulsa por hacer historia; esas historias, además, forman parte de una fábula fracturada que es, lógicamente, imaginaria, completamente dispersa y selectiva, que ni pretende abarcar la totalidad de la vida, de la vida loca, de la vida puta.

Léase como se quiera, cada cual puede armar mi vida como su vida, con adelantos y retrasos, con saltos y falsas pistas, con continuidades completamente forzadas. Me inclino siempre más por los textos degenerados (tomando esta palabra en muchos sentidos), como los mejores de mi tradición. Una biografía o una autobiografía es siempre una fábula perversa, en tanto es ficción que finge, simula, apoyarse en algo real, que habría ocurrido a alguien, en algún momento y en alguna parte, y que a la vez pretende ser una forma ilusoria de vivir la propia vida. El lector siempre puede leer una biografía o una autobiografía como una arqueología, y entonces se pierde todo, lo mejor. Porque lo real no está allí en lo que se cuenta, sino en el resto que no se puede contar, en los límites que se impone al contar, en lo incontable. Este resto imposible no es una ruina, no es un archivo, es el porvenir en el que lo escrito hace de futuro para el lector, hace de puerta, de trampolín, para que la experiencia de la vida, con toda su dispersión, pueda hacer finalmente algún guiño de sentido. Porque siempre es poco lo que uno ha llegado a saber y siempre es un poco más lo que sabe cuando ha escrito sobre aquello en las tensiones impuestas por los límites del contar. "Yo soy aquel que ayer nomás decía…", nos recuerda el poeta, mientras pauta el ritmo de su verso, que es justamente el resto que nos lega.

Fast food, fast Internet, banda ancha, velocidades aéreas, todo es veloz, cada vez más veloz. La velocidad ha impactado incluso la orientación sexual o, al menos, si eso suena un tanto radical, ha impactado los modos de acceder a la satisfacción sexual. Según me dijo uno de mis abonados, lleva más tiempo cogerse a una mina que a un trolo. Cuando se está muy caliente, uno se mete al Chat gay y en un par de horas se echó el polvo. Las minas todavía requieren ciertos protocolos que llevan, por lo mínimo, dos días. Hay que llamarlas un par de veces al día, invitarlas a salir, ir a cenar, al cine, sin apurarlas mucho, porque entonces se sienten muy acosadas y se les despierta la culpa por sentirse un poco putitas. Incluso las rápidas, requieren más tiempo y atención que un joto. Según me dicen mis amigos héteros, aunque se extrañe un poco tocar un par de tetas, el orto da más o menos la misma cuota de placer y además el gay suele mamarla mejor o, al menos, suponiendo similar efectividad entre los géneros, el polvo con el gay no hace lazo tan rápido. La mujer espera, después de coger, que la cosa siga, que haya continuidad, pero el gay es más flexible en eso, especialmente cuando sabe que el machucante es hétero.

La participación de la mujer en estas cosas no es nada despreciable. Lo quieran o no, de alguna forma ellas todavía se manejan con una sexualidad un poco decimonónica, que va en contra de la velocidad de nuestra cultura global y globalizada. Y esta diferencia de velocidades termina colaborando con los gays, es decir, contribuyendo a que los hombres héteros cubran sus necesidades de la manera más rápida.

Incluso hay otras mujeres que abren las puertas a los placeres gay de una manera más deliberada. Quisiera poner aquí el ejemplo de Emilio. ¡Ay, Emilio, Emilio! Un latino de 35 años, con un cuerpazote de no poder creer. Emilio es un mexicano que vino de mojadito a Los Angeles y luego se casó. Hace 14 años que está casado y tiene cuatro hijos. Según él, nunca había sentido atracción por los hombres. Sin embargo, su esposa le propuso una vez hacer un trío con otra mujer. Como los tres la pasaron muy bien, ella entonces pensó en la posibilidad de ampliar su campo de experiencias explorando con otro hombre. Le propuso hacer un trío con otro hombre, bajo condición—la cual mantiene hasta hoy—de que ella elija al macho. Emilio aceptó, no sin cierto escozor. Le había gustado el jueguito con la otra, especialmente después de varios años de fidelidad conyugal. Era suave poder disfrutar a dos mujeres, sentir cómo su esposa reaceleraba sus ritmos y a la vez él podía gozar a otra sin sentir la culpa del adulterio. Pero con otro hombre la historia parecía requerir otras precauciones. Sabía que, de algún modo, ahora había que pasar por lo que él suponía su esposa había pasado cuando él penetraba a la otra mujer. ¡Siempre, siempre la otra mujer! ¡Papá Freud sabía esto tan bien! En fin, Emilio hizo de tripa corazón y dio el visto bueno. La esposa se puso a observar el campo y seleccionar lo que más le apetecía. Habiendo tenido cuatro hijos con un macho tan bello como Emilio, es de suponer (al menos yo lo imagino) que su brújula habrá sabido orientarse bien después de tantos años de matrimonio y de partos. Para hacer la historia breve, Emilio me contó que se sorprendió de lo bien que lo pasó con el otro hombre. Después de darle a su esposa lo que ella esperaba de él, el otro hombre le pidió a Emilio el orto y como ya parecía que todo valía, Emilio se lo dio. Después de un esplendoroso 69, no sólo se lo dio, sino que disfrutó como nunca. Desde entonces, Emilio siente—y así lo detalla en su perfil en el Chat—que tiene que satisfacer esa parte, esa 'otra' parte que estuvo dormida por tanto tiempo. La revolución, iniciada por una mujer, se ponía así en marcha, si es que la profecía de Perlongher de que "¡No habrá revolución verdadera hasta que los hombres no socialicen el culo!" tenía alguna validez.

Sin embargo, a pesar de estas nuevas sensaciones, Emilio no busca hombre a cada rato. Y de alguna manera le creo cuando dice eso, porque yo estoy casi en forma constante en el Chat y conozco a casi todos los que habitualmente andan por ahí buscando. Y no recuerdo haber visto antes esa carita tan guapetona que Emilio tiene. Cuando llegó a mi casa el otro día, según me dijo, hacía ocho meses que no tenía ganas de estar con un hombre. Aceptó que le gustan mucho los grupos y me preguntó si a mí me gustaría participar. Acepté, pero con la condición de que fuera con otro hombre. Ya para "otra mujer" me bastaba la existencia virtual de su esposa. Quedamos en eso para la próxima vez.

Apenas entró a mi casa, Emilio me dio un beso de esos que tumban. Yo no podía creer el ejemplar que tenía entre manos. Conversamos un rato. Me dijo que estaba estudiando negocios; me contó que había perdido el trabajo, una pequeña sociedad de selección de personal que manejaba con un socio que le había jugado una mala pasada. Esta situación lo había llevado a endeudarse (cosa previsible con esposa y cuatro críos) y que había perdido el crédito que, en este país, es peor que perder la madre. Ahora su mujer vivía en casa de sus padres y él, que no se llevaba bien con el suyo, se estaba quedando en casa de su hermana casada. El panorama era bastante desolador, pero Emilio contaba todo con una enorme sonrisa. El tenía planes y sabía que saldría de esto. Su optimismo le salía por los poros y por esa sonrisa luminosa que llenaba toda mi casa.

    Después nos fuimos a la cama. Se desvistió rápido, seguro. Tenía la verga dura como roca. Apenas lo toqué empezó a disfrutar, sin necesidad de ninguna mediación. A medida que lo iba tocando en diversas partes del cuerpo, las pupilas de Emilio se iban dilatando de placer. Cada punto de su piel le daba un estremecimiento diferente. Su sensualidad parecía muy entrenada. Su lengua entraba en mi boca y la exploraba sin titubeos. Se la sentía firme, rotunda, decidida. Mientras le mamaba la verga, sentí que Emilio estaba buscando otra cosa. Aprovechó un abrazo para cambiar de posición y proceder a chuparme la pija. Luego le empecé a hurgar su orto con mi dedo y su placer comenzó a crecer en proporción geométrica. Como ese día yo no andaba con mucha predisposición de penetrar, le propuse usar un dildo que me había regalado, antes de irse a vivir a Las Vegas, un amante negro, muy afectuoso, que yo había tenido. En realidad, pocas veces había usado eso en mí mismo, pero me pareció una buena oportunidad para ponerlo en circulación. El consolador era grande y, después que yo lo embetuné bien con lubricante, Emilio se lo comió todo y me pidió que lo agitara lo más rudamente posible. Así que me tiré encima, le levanté las contorneadas piernas, lo puse en posición de pollo al horno y empecé a darle al dildo y al orto. Luego comencé a bajar por el hermoso pecho de Emilio, le mordí las tetillas y eso le provocó gritos de placer. Emilio era todo él un cuerpo ardiente. Mientras seguía dale que dale al dildo, le empecé a mamar la verga hasta que sentí que la leche llegaba, rauda y abundante, para explotar sobre el vientre extendido de este ejemplar maravilloso de la naturaleza. Al sacar el consolador, se avergonzó un poco, porque estaba sucio y oloroso, pero yo lo tranquilicé diciéndole lo que correspondía, que se trataba de algo natural y que no esperaba que le salieran perlas del culo. Se sintió mejor. Se fue a bañar y luego se quedo besándome un rato más. Al irse, me volvió a besar, me tocó el culo y me dijo que en el próximo encuentro se lo iba a apropiar.

Emilio se fue rápido porque tenía clase. Se iba contento, disfrutando su suave libertad. Supongo que porque hacía todo esto sin culpa y con cierto beneplácito y autorización de su esposa, indudablemente una mujer ejemplar.

Una de las cosas que siempre me asombró de los estadounidenses es su concepción de aquello que, por no tener cómo denominar, llamaría el sentimiento familiar. Donde quiera que vaya, el americano (como erróneamente se lo designa) tiende a vivir el horror de la otredad por medio de la instauración de su sentimiento familiar, del que el viejo Sigmund ya nos enseñó a conocer la calaña. Pensemos en esa institución cultural del picnic. ¿Qué significa? Significa justamente que el almuerzo se realiza en un espacio alejado de la casa familiar, pero apropiado por ese sentimiento familiar. Ese bosquecito, esa playita, esa montañita, son justamente extensiones apropiadas por el sentimiento familiar, extensiones del jardín de la casa, o bien extensiones imaginarias de la casa que quisieran tener. Se instalan en cualquier lugar y despliegan-ocupan inmediatamente el espacio con sus mantelitos a cuadritos y sus canastitas, en las que hay de todo lo que uno usa generalmente en la casa. No se trata de aventurarse al placer de lo silvestre, sino de armar la burbuja del home y quedarse allí, hasta con perfumes en aerosol y antimosquitos. Ni hablar de los McDonald's. Cuando viajan al exterior y llegan a cualquier parte con costumbres y comidas exóticas, extrañas, corren a encontrarse con un McDonald's, un lugarcito que reproduce el entorno familiar: el mismo sabor, el mismo ambiente, las mismas regulaciones de las que supuestamente pretendían salir al viajar.

Dejemos de lado la asquerosidad que los pobres americanos consumen bajo fuertes presiones de publicidad. Basta ver una propaganda sobre hamburguesas o pollo en la tele para que uno se pregunte cómo hay gente que pueda comer esas cosas, por más bien presentadas que estén. Es que si en la realidad son en sí despreciables, aún en el comercial no resultan más que productos en los que la cultura culinaria del mundo parece reducida a lo peor. Zoocracia. Animalización generalizada del mundo. Y digo mal, porque mi perro rechaza comer esas cosas.

Invito a todos a ir a esa otra institución americana invadida por el sentimiento familiar: el cine. No puedo ir al cine en Estados Unidos. Para ver una película, espero hasta que salga el video. Respeto enormemente el hecho de que, para los nativos de este país, el cine sea un espacio de "entretenimiento" y no un espacio para el cultivo estético de los sentidos, como nos acostumbraron los europeos. Pero tener que aguantarme los previews y los ruidos digestivos de los espectadores es demasiado para mi frágil sensibilidad.

Recuerdo el día en que una familia entera, la famosa familia tipo, se sentó a mi lado en el cine. Eran todos bastante gordos. Traían canastas, dos a falta de una, y hasta con mantelito cuadrillé. Después de tomar posesión de las butacas, empezaron a sacar lo que traían en sus cornucopias modernas. Botellas de gaseosas de un litro, vasos, servilletas, bolsitas para los residuos (aunque el cine es probablemente el único espacio en el que los americanos se permiten descargar sus pulsiones antihigiénicas, el único espacio que se puede ensuciar sin culpa y sin multa). Luego sacaron sánguches, pequeños sachés de mayonesa, de ketchup y de mostaza. Las papas fritas las habían comprado en McDonald's. Y así, golosos, felices, despreocupados se dispusieron a ver la película. Se escuchaba, entre línea y línea de los actores, el crujido de sus mandíbulas cuando trituraban felizmente las famosas "palomitas" de maíz, el pop-corn, el pochoclo. Hasta mi amigo, que es del país, no lo aguantó y apenas los vió con las canastas, se fue a sentar a otro lado. Yo en cambio me quedé y tuve que dividirme entre ver la película y ver el espectáculo de la familia tipo americana sentada frente a la pantalla gigante como deben sentarse frente al televisor de la casa. Otra vez la misma fundación familiar, el home en el espacio ajeno. No recuerdo si se sacaron los zapatos, pero seguro que lo hicieron. Si hay algo que no soporta la preciada libertad del americano, es el calzado. Otra vez el paisaje familiar, el sentimiento familiar. Si prohibieran comer en el cine, nadie iría, porque en realidad no van por la película, sino por la posibilidad de ejercer ese sentimiento familiar en espacios ampliados, públicos, de otros. Es posible que esta experiencia estadounidense de ver cine sea otra de sus tantas reacciones antieuropeas. Dejemos de lado el tipo de película que eligen. El otro día fui con un chavo a ver una película. Dejé que el chongo la eligiera. Sabía desde el vamos que iba a tener que pasar por una experiencia alienante. Uno debe siempre abrirse a estas experiencias. El índice de buen gusto cinematográfico promovido y cultivado (si puede decirse) por Hollywood es la grosería, el ruido, la explosión ilimitada, la contorsión corporal exacerbada. A esto llaman entertainment y encima se enorgullecen de la capacidad de su tecnología para producir efectos especiales de todo tipo. Cada película es una carrera para ver cómo se gasta más presupuesto en lograr más efectos especiales. Salvo contadas excepciones, que siempre aparecen y deslumbran con lo mejor de este país, las películas se han convertido en una serie de corridas de gente de un lado a otro, persecuciones, golpes de sonido cada vez más enloquecedores, explosiones de todo tipo (edificios, autos, puentes, planetas).

 Entramos con mi chongo al cine. Estaba lleno de gente ya aposentada comiendo y tomando y tirando los papeles al suelo. El olor de la sala era comparable al de cualquier restaurante de comida rápida, ese olor terrible a aceites rancios y margarina ultrahervida que hay en McDonald's o El Pollo Loco o donde se venden las famosas donuts. Todos estaban felices. Comenzaron los previews. Era una serie enloquecida al mejor estilo del video clip, es decir, de ese mostrar todo para que nada se pueda ver realmente. A velocidades increíbles se ven golpes de cara, pedazos de mano, autos que vuelan, aparece un negrito bueno (después de años de lucha en las calles donde se los masacraba y se los sigue masacrando), helicópteros que explotan en el aire, ametralladoras, una pierna de mujer, una cara sudada de un galancito de turno, corre, salta, se desmaya, la chica lo besa, alguien se la lleva, él la busca, se trata de salvar la nación amenazada por las fuerzas del mal; son terroristas, son extraterrestres, son mexicanos, son musulmanes, no importa, son el mal que amenaza, hay que matarlos a todos, purgar la nación, llevarla a la pureza original de su creación. Es el Mal, que encima no le paga los impuestos al Tío Sam. Hay que despoblar totalmente el espacio exterior para que la nación pueda finalmente descansar en paz. Hasta una dinosauria destruye los jardincitos fascistas de San Diego en busca de su baby. Al final, como siempre, el muchachito americano vence y se coge feliz a la muchachita, que pocas veces vence.

  La gente mira asombrada mientras el cerebro recibe impactos sonoros desde todas partes, de atrás, de frente, de los costados de las paredes, todo exuda golpes, músicas que no se desarrollan, anuncios, promesas de la mejor aventura, ruidos infernales. Me pregunto qué placer produce esto. No logro entender. Tengo que cerrar mis ojos durante los previews. Quisiera poder cerrar también mis oídos. Me pregunto cuántos autos necesita todavía este público ver estallar frente a sus narices, cuántos muertos necesita imaginar, como si no los hubiera ya bastante en la realidad de la opresión, de la guerra. ¿Será el placer de imaginar que ellos, con ese sentimiento familiar, comiendo esas inmundicias que los deleitan, siguen todavía vivos? ¿Vivos? Se respira muerte por todas partes. Se invita a desconectar el celular: cosa ridícula entre tanto barullo. ¿Qué puede molestar un celular entre tanta explosión, tanta masticadera? Desconéctese del mundo, entre en el mundo del cine. No piense. El cine no es para pensar, es para ver. Coma y mire. Siéntase como en su casa. Todo ha sido pensado ya para Ud., por Ud. Se ha clasificado la película para ahorrarle inconvenientes, incomodidades frente a su férrea moral. Un coito es obsceno, pero los Rambos o los Terminators del cine, no. Estos hasta visitan al Papa. Quédese tranquilo, nada afectará su sentimiento familiar. Recuéstese en la cómoda butaca que hemos diseñado para Ud. para que no extrañe el sofá de su casa. Ponga, eso sí, su vaso en el dispositivo que hemos puesto a la altura de su brazo para su confort. Coma, coma mucho, engorde, engorde mucho para que luego pueda tener sentido comprar las revistas sobre las dietas milagrosas. Disfrute, de eso se trata. Pierda el sabor, quédese sólo con el ruidaje, las explosiones y el picante, mucho picante, como en México, viva el picante, siéntase multicultural. Entreténgase. Y luego vaya a casa y discuta con su familia si a su película favorita le corresponde el Oscar o no. No importa si acierta. La mejor película del mundo siempre será americana.

A la hora de la siesta, en el verano, mi abuela siempre, siempre dormía. Se acostaba después de lavar los platos, es decir, después que mi abuelo, que se iba a dormir primero, se apoderaba del ventilador. Yo resistía dormir. Me gustaba, y creo que siempre me gustó, leer. No sabría decir por qué avatares del destino me topé con la literatura, pero desde chico tuve pasión por la lectura y por la música, especialmente la música clásica, esa que nunca, nunca, nunca se escuchaba en mi familia. Creo que empecé a leer inspirado por mis primas, que eran ya chicas casaderas, cinco para colmo (¡pobre padre, siempre al borde de perder el honor!). A la hora de la siesta (que después aprendería en la facultad, muchos años más tarde, era la hora de los amores clásicos), mis primas se echaban en sus camas bajo ventiladores arrumbados y leían fotonovelas. Se pasaban las revistas de mano en mano, de cama a cama, casi sin hablar, transpiradas vaya a saber por cuántas causas y, en general, no recuerdo que hicieran comentario alguno. Adheridas a las imágenes de hombres jóvenes y rubios (que hoy yo mismo me daría cuenta de que muchos eran gays), e identificándose seguramente con las muchachitas también rubias e inocentes, pasaban hoja tras hoja leyendo esos textos mínimos encerrados en los globitos. La siesta se deshojaba lentamente, porque mis primas tenían pilas y pilas de revistas, con esas historias melodramáticas y elementales que, a diferencia de los radioteatros (no había todavía televisión en ese pueblo), se consumían rápidamente sin tener que esperar meses por un final ya anunciado. Las revistas pasaban de cama en cama y llegaban hasta mí. No puedo, aunque lo quiero con toda el alma, recordar qué leería yo en aquellas revistas, en aquellas historias a medio camino de la novela y el cine. Pero deben haber despertado una pasión por la letra, un afán de belleza que, no encontrándola allí, comencé a buscar en otras partes.

Había una librería en la esquina de la casa de mi abuela. Vendían cuadernos, lápices, revistas y cosas para la escuela, pero había también libros. Recuerdo que un día orgullosamente saqué dinero del cajón de la carnicería de mi abuelo (siempre, como nieto mayor, tuve el privilegio de usar el dinero sin dar explicaciones), y me compré un libro de tapa dura, de tapa dura y amarilla, algo que se sentía importante, verdadera literatura a la que mis primas, lamentablemente, no parecían muy acostumbradas. Ingresé a la literatura, si no me engaña mi memoria, leyendo *La cabaña del tío Tom*, luego siguieron *Hombrecitos*, *Mujercitas* y libros por el estilo. Creo que hasta *Juvenilia* leí por aquel entonces. A medida que pasaba el tiempo, comencé a devorar otras cosas: *Los tres mosqueteros*, *La dama de las camelias*, *Manon Lescaut* y no sé cuántas otras historias por el estilo, por el estilo francés. Muchos años más tarde una novela francesa cambiaría el rumbo de mi vida, me refiero a *Madame Bovary*, pero ésa es ya otra historia. En estos años de iniciación, a la hora de la siesta, me tiraba en una reposera de lona bajo un paraíso, un árbol que estaba en medio del patio en la casa de mis abuelos y que, en cierto modo, fue el testigo de mi progresivo asombro por la vida, al menos por esa vida esencial que transmitía la literatura. Leía y leía con fervor, escuchando el ronroneo de las gallinas en el gallinero, o escuchando cómo el viento sacudía las sábanas que mi abuela había lavado por la mañana. También venía la música desde la carnicería: al rumor del mosquerío que no podía entrar y se estrellaba contra las ventanas alambradas, se sumaba el periódico sonido del motor de las heladeras que, irónicamente, me recordaban el calor que hacía afuera y el frío tecnologizado que conservaba para la vida los trozos de carne muerta.

Mucho después, pero mucho mucho después, yo leería libros dificilísimos en bares ruidosos cerca de la facultad, siempre atormentada por las revueltas estudiantiles. Hay como una continuidad en mi escena de la lectura: el ruido. Imposible, para mí, leer en el silencio sepulcral de las bibliotecas. Será por eso que ahora en esta vida americana, donde me faltan esos bares de amigos, que los habitan por horas y horas con apenas un café, tengo que recurrir a la televisión. Y todos me sancionan: ¡vos mirás mucha televisión! Falso. En realidad la tele está siempre prendida para escuchar el ruido tecnologizado de las voces, de los sonidos, de la música, de lo que fuere. Una especie de bar artificial.

Las fotonovelas y las novelas de amor deben haber marcado mi manera de mirar a los hombres. No recuerdo haber escuchado mucho radioteatro, pero confieso haber consumido montañas de revistas de fotonovelas. Luego vendría una breve temporada con las historietas, pero las aventuras que relataban eran demasiado elementales o, tal vez, demasiado masculinas para mi gusto. Los Tarzanes o los Supermanes no provocaban ni un poquito de las delicias de *Mujercitas* o las novelas de Dumas. Tal vez nunca me topé con Batman y Robin, no sé si hubo alguna historieta previa a la serie televisiva que, sí, confieso, vi a pie juntillas y creo que ahora, sólo ahora, comprendo por qué.

Fue en medio de estos idilios sentimentales, cuando Hugo me llamó, una tarde de impresionante calor, al galpón. Hugo era el muchachito (tendría 17 o 18 años) que ayudaba a mi abuelo en la carnicería. En general, barría, limpiaba las heladeras y hacía el reparto. A veces ayudaba a mi abuelo en el galpón, que estaba al lado del gallinero, cuando era la temporada en que se hacían los chorizos. Hugo era un moreno flaco, aindiado, mucho más alto que yo (al menos así lo recuerdo). Su piel morena no era, en aquel entonces, objeto de mis desdichas o de mi atención. Yo me enamoraba de los chicos del baby fútbol, todos blanquitos, que también iban a la escuela y eran de familias "respetables" o, en todo caso, que se parecían más a los chitrulos esos que yo veía en las fotonovelas. ¡Ay, los derroteros del deseo son asombrosos! Como Chico Carlo, Hugo iba a tener el honor de marcar mi vida y mi deseo para siempre. Seguro que él no lo supo, no lo sabe y nunca lo sabrá. ¡Cosas de la vida!

Soave Libertate

A veces Hugo venía temprano, antes que mi abuelo se levantara de su siesta. Y se iba al galpón. Desde mi reposera bajo el paraíso, yo lo veía entrar, siempre taciturno, y dirigirse al galpón. A veces hablábamos. Otras, me arreglaba la bicicleta o me ayudaba a agarrar una gallina. Pero esa tarde apareció bajo el árbol y me dijo que fuéramos al galpón, que quería mostrarme algo. Con fastidio, dejé mi libro y lo seguí. Llegamos al galpón y lo urgí con mi curiosidad. ¿Qué era lo que quería mostrarme? Hugo dio unas vueltas en la semioscuridad del galpón. Estaba nervioso, caminaba y caminaba hasta que se arrinconó. Yo estaba muy ansioso. Algo había en el ambiente que, en ese entonces, me era imposible calificar. Algo en su piel comenzaba a provocar algo en mí que no atinaba a designar. Hugo me miraba furtivamente, como con vergüenza anticipada, sombrío. Ahora intento no contar esta escena desde mi perspectiva actual. ¡Es tan difícil captar lo que pasaba en aquel momento tal como estaba pasando! Hoy siento que entre mi curiosidad infantil y la fuerza de mi deseo actual, hay una continuidad y a la vez un abismo. Pues bien, Hugo de pronto me agarró la mano. Debe haber tenido alguna excusa. Y lentamente la puso sobre su camisa, la fue bajando, bajando, sin dejar de mirarme (debe haber temido que yo empezara a gritar), hasta ponerla sobre su bragueta. Algo se agitaba allí, bajo su pantalón. Algo se endurecía y crecía y crecía. Puedo decir con toda certeza, hoy, que nunca relacioné la erección de Hugo con mi propia genitalidad. Ni antes ni después imaginé que mi propio miembro podría cambiar de dimensiones. En ese momento apenas me dejaba llevar. Me dijo que le abriera la bragueta y que allí, seguramente, iba a encontrar lo que me quería mostrar. No puedo más que especular al relatar una de las escenas más bellas de mi vida. Debo haber abierto su bragueta, o tal vez la abrió él, solamente recuerdo que emergió un enorme miembro (me animaría a decir que hoy también, y no por ser la perspectiva de mi mirada infantil de entonces, afirmaría que Hugo tenía lo suyo, grande y grueso, como lo que luego buscaría el resto de mi vida. Sí, permítaseme alargar este paréntesis, creo que luego, desde entonces, desde ese mismo momento, comencé a buscar el miembro de Hugo, la piel de Hugo, el sudor de Hugo, la mirada ardiente de Hugo).

    Me pidió que le acariciase el miembro. Yo sentía un olor, algo muy fuerte, que entraba por mi nariz y se expandía por todo mi cuerpo. Olor a su sexo, fuerte. Yo recuerdo que estaba como aturdido, sabía que estábamos haciendo algo prohibido. Pero jamás, ni siquiera entonces, se me hubiera ocurrido gritar. Tocaba su miembro intermitentemente, con curiosidad y timidez. Hugo quería que se lo besase, pero no podría testificar si lo hice. Me empezó a abrazar, lentamente iba apretando mi cuerpo contra el suyo para hacerme sentir su protuberancia, que golpeaba, golpeaba sobre mi vientre. Su pija era como un corazón fuera de lugar, desplazado. Latía, latía como pronto a explotar. Es posible que haya tenido impulso de violarme. No sé cuánto tiempo estuve allí. No sé si Hugo puso su pene entre mis piernas. Tal vez esto sea ya algo fantaseado posteriormente. Recuerdo el calor del miembro pasando la tela de mi pantaloncito corto. Nunca eyaculó, y si lo hizo, yo ya no estaba allí.

    Me fui, quiero decir, volví a la reposera y a mi libro. Aturdido, sabiendo que algo que me ocultaban las novelas había sucedido en ese galpón bendito. No fue horror, fue deseo. Fue una enorme ternura. Hugo (hoy puedo decirlo) me trató con enorme ternura. A su manera, adivinó lo que yo, desde lo más remoto de mi ser, necesitaba percibir. La imagen de su hermoso pene es algo que nunca, nunca se apartó de mí. Desde entonces busqué esa sensación, la de un miembro erecto sobre mi vientre y entre mis piernas. La de un cuerpo moreno, ardiendo, sudoroso, llevando mi mano suavemente, descubriéndome la maravilla del cuerpo y de la ternura. También su olor. Y no puedo dejar de agregar lo que, para muchos, será políticamente incorrecto. En algún lugar de mi memoria, en algún punto de mi deseo (deseo, sin duda, originado por lo que no ocurrió en ese galpón), quedó el ansia por la penetración. Una fantasía de ocupación de mi cuerpo, de deseo de invasión sensual y atemperada que, obviamente, no involucraba ninguna violencia física, sino un suave consentimiento entre el joven urgente y el niño ignorante del sexo y de su cuerpo. Fantasía de violación consentida en el silencio de mi hambre, pero sólo fantasía, puesta en escena de un masoquismo primordial, si se quiere, que me acompañaría toda la vida, como un deseo de ser poseído, de ser llenado, de verme inundado en lo más íntimo de mi cuerpo. Si Hugo me hubiera violado, seguramente yo hubiera gritado y toda la parafernalia de lo traumático hubiera marcado toda mi experiencia sexual futura. Pero no lo hizo. Me dejó esa sensación de vacío, de algo que no se completó, un ansia como un hueco dentro de mí. Si lo hubiera visto eyacular en ese momento, hubiera comprendido la vida misma. Pero tampoco vi la explosión láctea que, seguramente, ocurrió tan pronto yo dejé el galpón.

Pasarían muchos años, hasta que yo mismo, otra tarde, en una bañera, decidiera, con mi miembro erecto, sacudirlo y acariciarlo hasta ver qué pasaba. Ya sabía yo más cosas sobre el sexo, pero nunca había llevado mi cuerpo a esos extremos del saber. Siempre me provocaba a mí mismo hasta un punto y luego me asustaba, como debo haberlo hecho aquella vez en el galpón. Y abandonaba la empresa. Pero una tarde, bajo el calor de la ducha, decidí que iba a seguir aunque me muriera. Y seguí y seguí batiendo con mi mano mi pene, hasta que de pronto, como si me abrieran con dos manos las mismísimas entrañas, sentí que algo explotaba, que algo salía desde dentro de mí. Un chorro amarillento cruzó en dirección contraria al chorro de la ducha y se estrelló contra los azulejos. Ahí me di cuenta de que era eso lo que Hugo esperaba que ocurriera, ahí entendí que era eso lo que yo desde aquella tarde en el galpón y hasta el día de hoy busco en todas partes: la salida punzante de esa leche maravillosa, ese espectáculo de lo que emerge de lo más interior de un cuerpo. Es hasta el día de hoy que me disgusta cuando la esperma sale sin fuerza. En cada hombre que se acostó conmigo, busqué esa ansiedad por la eyaculación descontrolada, festiva, abundante y abundosa. Siempre Hugo ahí, en cada macho, yo siempre-buscando a Hugo, su ternura, la suavidad de sus manos y su piel, su piel morena y sudorosa a causa del calor exterior y de la pasión interior. También Hugo marcó mis rituales sexuales, mis juegos preliminares. Mi deseo de besarlo, que seguro tuve en aquel galpón (probablemente inspirado por las foto-novelas) y que reprimí totalmente, son los que me hacen desear besar a mi compañero de cama cuando está a punto de venirse o cuando, como en las remotas épocas sin SIDA, yo ansiaba sentir entre mis piernas o dentro de mí el miembro acuciante, desesperado por explotar e inundarme. ¡El maravilloso misterio del semen, de lo que pasa de lo más profundo de un cuerpo a otro sin ver la luz!

Desde entonces, el sexo siempre es para mí una escapada al galpón, una interrupción de la lectura, el negativo de la literatura (pero no lo otro de la literatura, entiéndase).

Hoy en el chatroom conocí a Tony. Claro, es una manera de decir, porque desde cierta perspectiva cultural, como la mía, resulta completamente imposible "conocer" a alguien en el chatroom. Tony se anunciaba como "1 Hot Latino" y se describía como queriendo coger inmediatamente, lo que en inglés suena hasta cómico: "Hook up now" y algunos, pero no Tony, agregan "r/t", es decir, real time, es decir, nada de sexo virtual. Rápidamente comenzó la charla, y yo sin mayores expectativas, porque Tony dijo ser top. Dijo también tener 29 años y yo me preparé inmediatamente para que la cosa terminara ya allí, puesto que, en general, estos chongos (si cabe aquí realmente esta palabra) quieren tener jodas con tipos de su edad o menores. Aunque hay excepciones y hay hasta quienes incluso anuncian que quieren joda con gente mayor. Le confesé mi edad (siempre miento en esto, sorry, porque sé que no represento la que tengo y, como una amiga me aconsejó "miente, miente, miente", así lo hago), y aunque era mucho más que la de él, me dijo que no le importaba y pasamos la primera prueba.

La segunda prueba era el envío de la foto. Let's trade. Me mandó la suya y le mandé la mía. Cuando yo vi su foto casi me muero. Era un latino tan apuesto, tan varonil, que mi campanita interna—o las cosquillas en el estómago, como dicen en las telenovelas—empezó a sonar desesperadamente. Seguimos conversando, pero no decía nada de mi foto. Me dijo que era mexicano, profesor de psicología ambiental (ni idea de qué se trata), y que una de sus fotos había sido tomada en España. Le dije que la foto que le había enviado, donde estoy en una playa gaditana, también era, naturalmente, de España. La conversación se fue animando. Pregunté entonces si había recibido mi foto y que le parecía. Me dijo que yo no era su tipo, que era diferente. No obstante, mezclando el español y el inglés continuamos charlando. Me preguntó si viajaba solo y en qué otros países europeos había estado. Le conté de mi viaje a Europa del Este y mis ganas de volver a Budapest y a Praga. No entendí muy bien por qué me preguntaba si yo viajaba solo. Pero no pregunté. Hay cosas que se pueden dejar para después del coito. Yo le pregunté, en cambio, si era gay o bi (es decir, bisexual). Me dijo que era bi. Sus respuestas comenzaron a demorarse y entonces, claro está, es totalmente previsible que esté charlando en privado con algún otro. Le dije que entonces yo sentía que ya no tenía chance, ya que no era su tipo, pero él (y aquí fue cuando cambiamos los nombres) insistió en que eso no era limitante para él. Quedaba así superada, pues, la segunda prueba.

Inmediatamente me lancé con la pregunta mayor: what are you into? Que siempre escribo en inglés porque en español suena o bien grosera o bien da para cualquier respuesta. Me respondió con un signo de interrogación (?). Luz roja. Cuando no responden esto, la cosa se pone difícil. Se hacía el desentendido. Así que de una manera más cortés y elegante, rehice mi pregunta: ¿qué te gusta hacer en la intimidad? ¿O qué te gusta que te hagan en la intimidad? Tardó en contestar y al final dejó el chatroom. Al principio esta desconexión me parecía cruel e irrespetuosa. Al menos, digo yo, se puede saludar y despedirse. Pero también es cierto que a veces se desconectan las computadoras, se congelan, especialmente cuando se quiere descargar alguna foto. Esperé a ver si volvía, pero no lo hizo. Seguro que hizo cita para "hookear" con otro. Era una alternativa, como siempre, la alternativa que nos caga el deseo. Uno comienza a fantasear con el otro, el afortunado que se lo llevó, seguramente más joven, seguramente más apuesto. Y seguramente más varonil. Yo no soy, como ya lo he manifestado varias veces aquí, ni muy varonil ni muy afeminado. Me califico con una palabrita que se usa en el chatroon: discreto.

Este episodio con Tony se repite y se repite. Yo me engancho siempre (y aunque no lo crean, a veces la alternativa es exitosa y el otro afortunado soy yo), porque me encantan los tipos muy varoniles. Cuando se trata de un latino, tengo un poco de chance. Pero éste era bien americano. Me explico. En América Latina, los hombres, especialmente los varoniles y bisexuales, buscan aventuras con otros hombres y, en general, tienden a hacerse los supermachos con las locas. La cosa con los travestis es más compleja, aunque también pasa. Muchos travestis cuentan que tienen que hacer de activos con estos casaditos bisexuales, es decir, tienen que sacarse el moño rosa y ponerse el celeste para salvar la situación. Pero en general, las locas latinoamericanas no hacen de activos. Los tipos que se acuestan con mujeres eligen un compañero femenino cuando quieren una relación homosexual (que no es para ellos homosexual, para ninguno de los dos, dicho sea de paso, aunque el trolo, el joto, la marica sea la que figure estigmatizada como homo. Pero en el juego de la cama, la relación es completamente heterosexual, hombre y mujer, macho y hembra. Los tipos te dicen "mamita", te meten el dedo en el culo y se refieren al culo como a una vagina, te dicen que te van a hacer sentir bien hembrita y todo ese discursito machista que, en el performance de la intimidad, a los pasivos latinoamericanos nos encanta).

Estos pasivos—locas o no, muy o poco femeninos, no importa—brindan una experiencia que sólo puede entenderse como "más que la mujer". Los pasivos les damos "algo" que no pueden darle las mujeres (sean novias, amantes o esposas). Ese algo es debatible, pero en general, estos varoncitos latinoamericanos quieren que uno sea mujer con ellos, y quieren hacerle a una vivir esa feminidad maravillosa que todos (chongos o locas) llevamos dentro. Seguramente eso aumenta su autopercepción de su masculinidad. Una hembra es una hembra, pero hacer de una loca—varoncito al fin—una hembra, es una obra de arte que sólo un macho muy macho puede realizar. Y a mí todo esto, lo confieso, me encanta, aunque la comunidad gay americana me excomulgue. Nada más lindo que vivir en la cama, por un rato, esa parte de mí, esa parte que otros reprimen, excluyen, niegan.

Mi frecuentación del psicoanálisis me hace pensar que el goce de estos tipos está en que una puede darles, finalmente, lo que no pueden ofrecerles las mujeres: una puede ser una mujer con un hermoso pene erecto. No por casualidad la mayoría de estos tipos llegan al superorgasmo cuando la hacen acabar a una mientras ellos están todavía dale que dale al orto. Incluso, algunos, lo ponen en el contrato de coito: "Me gustaría—dicen—verte acabar mientras yo te estoy cogiendo". Y ya sabemos, nada más lindo que esa fiesta cuando una, masturbándose o así, solamente con el masaje prostático, se viene toda. Si el orgasmo de la mujer puede fácilmente ser fingido, la eyaculación espontánea de una marica penetrada es completa certeza de que está gozando. Dejemos por ahora las horribles limitaciones a la fantasía que nos impuso el condón. Ahora, justo en el momento en que una quisiera sacarle al tipo hasta la última gota de leche, tiene que pensar en la infección, en que está bien estar protegida, en que así es mejor. Hay que protegerse, aunque eso limite el goce, como siempre. Todo aparato de protección limita el goce, lo sabemos. Los tipos se frustran un poco porque no hay cosa que les guste más que dejar algo de ellos adentro del otro, esa fantasía de posesión que, al sacar el pene y ver el condón llenito de esperma, cancela completamente su fantasía. "Estoy cansado—me decía uno en la cama, mirando el condón llenito de esperma—de tirar mi leche en el inodoro o en la basura". Dios dirá los estragos culturales que esto va a traer en el futuro, si no aparece pronto una vacuna.

Tony seguramente buscaba otra cosa. Los gays (latinos o no) en Estados Unidos no buscan locas. Su performance gay se define por la intensificación de la masculinidad. Incluso llegan hasta formas grotescas: esos que andan en la onda leather y llenos de tachuelas. Otros llegan a formas más extremas de fascismo, siempre listo para aparecer allí donde se intensifica la masculinidad. El comentario típico de estos gays top, es decir, que la hacen de activos (otra vez la traducción es infiel, porque a veces de activos no tienen nada, ahí tirados en la cama esperando que les chupen la verga), es siempre el mismo, especialmente cuando se definen como bi: "Si quisiera coger "algo" femenino, me cojo una mujer". Tiene lógica, pero es una lógica tan endeble, tan inconsistente, como la lógica del machito latinoamericano: "Cuando quiero coger algo verdaderamente femenino, me busco una loca o un travesti, es decir, un tipo". Y así vamos en este fárrago de semblantes.

Los Tonys quieren algo más narcisista. Quieren el espejo, otro tipo, tan varonil como ellos. Yo era "diferente"; en cambio él no estaba buscando algo diferente, sino algo similar. Los Tonys buscan ver el cuerpo musculoso del otro, les gusta chupar y que los chupen, no les gusta penetrar ni que los penetren (algunos, naturalmente, lo hacen, pero ese performance no define nada, como ocurre, en cambio, en el caso del chongo y de la loca). Les gusta masturbarse juntos y ver cómo les sale la leche. Nada más. Bi o gay, pueden salir a caminar con su amigo por cualquier parte, sin que eso lleve a ningún comentario por parte de familiares o amigos. Como es el caso de las mujeres, que siempre tuvieron más posibilidades de camuflar su lesbianismo, estos tipos pueden andar sin estigma. Esto explica la obsesión moral de los gays americanos (que han exportado a nuestros países, que han internacionalizado) por "salir del closet" o "salir del ropero" (que suena tan mal en español como la frustración misma de una loca latinoamericana acostándose con un gay).

Dos sistemas, dos economías libidinales, muchas veces totalmente incompatibles. Lo que me molesta es que se quiera hacer pasar a una como mejor que la otra. Lo que me molesta es que lo gay se construya sobre la eliminación de la experiencia de lo femenino. Lo que me molesta es que se me tilde de "diferente" (con ese tono a veces homofóbico) porque yo quiero, de alguna manera, alcanzar esa otredad fundamental, alcanzar a la mujer que hay en mí. Yo no necesito alcanzar la masculinidad que hay en mí, la siento a cada momento de mi vida, la experimento en la vida cotidiana, la uso, hasta la uso a veces de la peor manera, contra los demás. Como ahora.

El adulterio hace a la gente interesante, incluso más inteligente. Por lo menos, hace más inteligente a los héteros e, incluso, a los gays, porque bajo la cínica máscara de las relaciones estables y duraderas, todos (como se ve bien en el Chat) admiten sus escapadas secretas. Hay que planear encuentros furtivos, borrar huellas, jugar a las escondidas, fingir como si se estuviera permanentemente sobre un escenario, usar máscaras de todo tipo. Como performance, el adulterio requiere de mucha energía psíquica, más allá de la obviamente física que supone atender y satisfacer a la pareja y al amante. El adulterio de un hombre casado con una mujer es bastante complicado—aunque sea divertido al principio—porque las pobres amantes, tarde o temprano, quieren formalizar. No se sabe bien para qué quieren formalizar, pero llega un momento en que no aguantan el papel de segundonas, como si el primer papel de la matrona de la casa, con libreta de registro civil, fuera un premio codiciable. Si lo logran, entonces pasan de ser el objeto de deseo a ser objeto de ninguneo, más la consabida posición subalterna de la mujer y sobre todo de la mujer esposa: juntar los calzoncillos cagados, lavar, planchar, cocinar y la mar en coche de obligaciones que impone el matrimonio, más la consabida, muy enterrada, reprimida certeza de que el tipo hará con ella lo que hizo con la otra. A veces, algunas no necesariamente se entregan con fervor a las tareas domésticas, salvo los primeros días que quieren vivir completamente el nuevo rol, y se hacen las liberadas yendo a trabajar ocho horas, como mínimo, en alguna oficina. Algunas, profesionales o no, asumen a veces con resignación cristiana, el trabajo hogareño y la explotación extranjera. Todo es maravilloso. Ni hablar si queda embarazada. Y con suerte, hasta se hace merecedora de un hermoso lavarropas para el día de la madre.

Sin embargo, el adulterio de un hombre con otro hombre (no voy a ocuparme aquí del otro adulterio, seguramente más generalizado, solapado y silencioso, que es el de la esposa con sus amigas o vecinas) es algo más interesante, no solamente porque requiere de mayores precauciones, sino porque no hay demasiadas chances de que se "formalice". Claro que hay estúpidos—nunca faltan—en todos los niveles. Hay maricas que tienen un amante casado y exigen que éste se separe—después de salir del closet—se divorcie y quién sabe cuántas otras cosas más, en nombre de la decencia...cómo calificarla...cuasi-burguesa o ultraburguesa. Ya está visto cómo los gays quieren casarse, formar relaciones estables legitimadas, adoptar bebés y hasta ir al ejército y joder a los pueblos del mundo en nombre de la patria, de la libertad, de los valores democráticos y de la paz mundial. A veces imagino el futuro, un futuro remoto, en que la sociedad humana, si logra evolucionar mentalmente—cosa que no ocurre desde hace muchos siglos—verá estas ridiculeces de la cultura gay actual y se reirán a carcajadas. No es que no apoye el derecho de muchos gays al matrimonio, entiéndaseme bien, sino que no apoyo la política que quiere moldear la experiencia homosexual con los corsets ya bastante deteriorados del matrimonio heterosexual. Falta de imaginación para inventar otras posibilidades de relacionarse y lograr los magros beneficios sociales. En ese sentido, los héteros están a la vanguardia, porque entre escapadas y adulterios, hartos de la decencia, la han tornado una comedia completa, se casan y se divorcian como quien cambia de ropa y se han comenzado a diversificar en su orientación sexual al punto que ya la bisexualidad es endémica. Gracias a dios.

El adulterio, quisiera repetirlo, tiene que promover la inteligencia. En el fondo, el erotismo homosexual no debería ser otra cosa que adulterio o, mejor, un divertido vaudeville, algo que no favorece relaciones estables, al menos a nivel sexual. En mi caso, siempre les digo a mis hombrecitos que ellos son únicos, que cuando estoy con ellos no estoy con otros hombres. Y literalmente es cierto, porque no me gusta mucho la cama de tres. Cuando se van a su casa o su trabajo, si me aparece otro que me gusta, pues me lo almuerzo, como dicen los colombianos. ¿A quién tengo yo que rendirle cuentas?

Esos pequeños cabroncitos, en general casaditos o con novias, como me gustan a mí; tengo que confesar que me gustan justamente por eso, por la "otra" mujer, por ese cinismo que tienen de pedirle a una loca que les sea fiel, cuando ellos están maravillados de gozo con el adulterio. Y yo les miento, que es seguramente lo que corresponde hacer para colmar sus expectativas. Eso desarrolla mi inteligencia también. Hacer trampas por el tiempo que se pueda. Mentir respecto de la fidelidad, de la edad, de la profesión, de la identidad. Tramar una comedia o, como dije, un vaudeville interesante, lleno de malentendidos. Después de todo, estos géneros teatrales no son otra cosa que el lado cómico, divertido, de la tragedia del matrimonio. Siempre lo fueron. Y como una obra de teatro, a mi vida-comedia también siempre le llega un momento de autoconocimiento: el momento en que uno de ellos descubre mi "infidelidad", mi pequeña mentira. Y es el momento del deslumbramiento. Porque yo, una vez despachado el asunto, con el dramita esperable, me quedo absolutamente maravillado por el error: en qué fallé, cuál fue mi punto vulnerable, cómo me agarró este desgraciado. Me gusta y a la vez me enoja que el otro sea de pronto también inteligente al punto de deshilvanar la trama. Y entonces perfecciono el sistema de la mentira, mi lógica performativa, adúltera. La próxima vez me pongo bien alerta para evitar estos lapsus insignificantes y estupendos, míos completamente, que nunca dejan de sorprenderme. Lapsus para mí mismo y que a veces el otro devuelve con la euforia de su escucha.

Esto es a veces algo duro de soportar, lo admito, especialmente cuando pierdo a un abonado que vale realmente la pena conservar. En mi caso, gracias a esa sabiduría que he cultivado hasta donde pude—como todo el mundo—nunca me ha ocurrido, salvo en las tempranas edades de quinceañera, querer decorar o engalanar mi supuesto "vicio" de la homosexualidad con los condimentos esenciales de la vida decente, con la comedieta perversa de las relaciones estables, long term relationships, como se dice en este país, con el modelo de la familia, con los niñitos, los domingos en la iglesia, la beneficencia, las marchas del orgullo y toda esa caterva de ideologías que tratan de decir que los homosexuales somos buenos y decentes. Esas ideologías constituyen, finalmente, una forma eufemística de sostener a cada paso, de insistir en el sentido demoníaco de nuestra sexualidad, como algo que debe ser tolerado, domesticado. Esa mala conciencia apesta. Nunca he sentido que tenía que hacer positiva mi orientación sexual por el simple hecho que nunca la he sentido negativa. Y nunca me tragué que los demás pensaran que estaba en la peor de las orientaciones. Uno no puede vivir o hacer una política sobre lo que piensa la mayoría, sino sobre lo que uno cree de uno mismo.

Admito que haya gente que quiera tener relaciones estables, pero lo que no admito es que hagan de eso un argumento para compensar—y hasta para favorecer—una categorización de la homosexualidad como vicio, como desvío, como anormalidad. Ser aceptados (¿por quién?), ser tolerados (¿por qué o para qué?) es lo que quieren estos infelices gays que cogen con culpa. Yo admitiría, y de hecho lo admito con ciertos amigos, que tengan estas relaciones "estables" (lo que me parece, por otra parte, algo utópico, nada menos estable que una relación entre dos seres humanos, y la duración, además, no es un valor en sí), que hagan marchas por los derechos de otros homosexuales como ellos. Pero no me parece que haya que involucrar a todo el mundo homosexual, tan variado en apetencias y ceremonias. Me gustaría, sin embargo, que hubiera marchas por motivos más concretos, como el derecho a salvaguardar el dinero o la propiedad o los beneficios médicos o cualquier tipo de beneficios (magros, por cierto) que nos da la sociedad capitalista. Y decirlo así, en términos capitalistas, sin cinismos culturalistas. Me parece bien que se hagan marchas para salvaguardar estos derechos y beneficios de las manos codiciosas y hambrientas de los familiares héteros, de las familias "bien" constituidas. (Da asco sólo de decirlo). Creo que una marcha bajo estos lemas sería menos cínica y no veo la necesidad de que la embanderen y mezclen con la práctica sexual.

Nunca se insistirá suficientemente sobre el lado oscuro de la familia. La gente no quiere escuchar eso. Los gays quieren matrimoniarse y armar una familia, como si fuera la cuna de toda bondad, olvidándose cuánto de máquina de tortura tuvo la familia en la que crecieron y de la que tuvieron que salir...salir del closet no es sólo admitir que uno tiene una práctica sexual diferente...so painfully...y luego marchar por el orgullo de ser lo que está, parece, penado ser.

El erotismo gay debería ser anárquico, desestabilizante, falto de legalidad y legitimación, siempre orientado hacia el placer y la sabiduría—bienes preciosos, si duda, que no son favorecidos por el capitalismo. El erotismo gay debería estar fuera de todo enganche, algo sin posibilidad de amarre, provisorio, suave. Después de todo, siempre fue lo que, históricamente, abrió las puertas a la otredad, al intrincado mundo del deseo, de los espejos, de las lógicas inconsistentes y hasta de la belleza. Desde esta perspectiva, el matrimonio aparece como algo antinatural, lo más humano si se quiere, lo imposible. Lo gay es el erotismo de lo imposible. Y el adulterio es, entonces, la vía intermedia, transitoria entre este mundo tal como lo conocemos y el que va a venir. Porque va a venir. Es lo que pone sal y suspenso a la vida rutinaria de la pareja. No creo que—salvo esos géneros teatrales que mencioné—haya ningún monumento al adulterio, lo que es una pena, no sólo por los valores que promueve, la forma en que acicatea la inteligencia, sino por lo generalizado que es, lo normal que es, tan cotidiano, tan divertido. Sirvan estas palabras como mi más sincero y humilde homenaje al adulterio.

Mis mejores amigos fueron mis amigas. Desde chico, siempre tuve más afinidad con las mujeres que con los varoncitos. Esto puede parecer obvio, pero no responde necesariamente a las razones obvias que pueden barajarse. No fue porque me gustara jugar con muñecas. Casi nunca tuve predisposición a los juegos infantiles de ninguna clase. Como todo niño, cuando estaba en grupo y si éste me era afín, me divertía jugando al policía y al ladrón, a la mancha, a las escondidas. Pero en general más me gustaba estar solo y leer, o pintar o estudiar música. Tomé clases de pintura con mi prima cuando era chico y hasta hice un cuadrito que muchísimos años después, y habiendo circulado por varias manos familiares, terminó en el negocio de antigüedades de mi hermano y allí, como caricia para mi ego, solicitado por varios compradores interesados en pagar por él. Más tarde y durante diversos momentos de mi vida estudié piano. La música, el canto y la danza fueron siempre mis vocaciones frustradas, las que dejo para vivir en mi próxima vida, en la que espero tener memoria de ésta. Mi ansiedad fue lo que traicionó mi carrera musical. Siempre tuve oído, siempre sabía cómo debía sonar Clementi, Beethoven, Mozart o Bach, y cuando mis manos no respondían a mi oído, me daba tal furia que sólo me calmaba cerrando el piano y caminando durante horas por cualquier parte. En cuanto a los juegos infantiles, lógicamente nunca me interesaron los juegos de fuerza y destreza, es decir, juegos varoniles que a veces en mi familia disfrutaban algunas de mis primas. Nunca fueron mi fuerte, siempre los viví como una experiencia que los otros organizaban para desafiar mi propia masculinidad sospechada.

Con el tiempo, en la escuela secundaria y más tarde en la universidad, y posteriormente en mi vida profesional, siempre tendí a trabajar con las mujeres. No era ningún feminismo embrionario ni tampoco una mala conciencia que trataba de ejercitar una política correcta. No me interesaba la mujer por el sólo hecho de ser mujer, o porque emblematizara el paradigma de todas las subalternidades sociales en el sistema patriarcal que nos han hecho mamar desde la cuna. Nada de eso. Ni todas las mujeres, ni todos los hombres. Para entender esto es necesario que intente balbucear cómo yo fui entendiendo mi masculinidad y cómo de alguna manera fui tratando de experimentar lo femenino. Yo no creo que ambas cosas, masculinidad y feminidad, sean propiedad privada de ningún sexo. Soy en eso un freudiano y un constructivista ortodoxo.

Las mujeres que me rodearon toda mi vida fueron, desde mi nacimiento e incluso desde antes (y repito: no todas las mujeres, sino aquellas que fueron cruciales en mi vida, las que constituyen mi experiencia de la feminidad, mis interlocutoras válidas, mis mujeres entrañables, indispensables), son en general mujeres que, en algún momento de su vida, aceptaron el riesgo de vivir, no importa cuán nietzscheanamente peligroso fuera tal salto. Mujeres que de pronto descubren la mentira del sistema, la fragilidad del hombre, las que a su manera merodearon los múltiples sentidos de la castración fundamental. Mujeres fuertes, pero no hombrunas (nunca tuve amigas lesbianas tipo marimachos y no porque no haya querido, sino porque en general ellas me rechazaron). Muchas de ellas comenzaron a descubrir estas cosas y por ende a descubrirse como tales a partir de la relación conmigo. No porque yo fuera un modelo para ellas ni menos aún porque tuviera alguna verdad que revelarles, sino porque en la experiencia de nuestra relación (que siempre comienza con una fascinación inicial), ambos fuimos descubriendo nuevos horizontes de libertad. Tengo que confesar que muchas de ellas, especialmente las casadas, con hijos y todo, pasaron por momentos tormentosos (la famosa e indispensable temporada en el infierno, no únicamente en el infierno sartreano de los otros, sino en el infierno más ardiente de uno mismo). Algunas hasta terminaron divorciándose, no tanto porque los maridos fueran bochornosos machistas (algunos, me consta, eran dulces, cariñosos y hasta comprensivos, casi unos aureolados santitos en vías de canonización), sino porque su hambre y su sed de explorar la vida y ejercer la suave libertad a la que podemos acceder en la comedia social, les hacía progresivamente cortar todas las amarras, especialmente las amorosas. A veces eran exigencias del cuerpo, otras demandas de saber, otras demandas de libertad, y muy pocas veces demandas de amor, a no ser que por esto se entienda la demanda absoluta.

 Las mujeres de mi vida fueron siempre aquellas abiertas o que se abrieron a escuchar lo que habla más allá de lo dicho. Es difícil de definir, pero estas mujeres eran fundamentalmente mujeres que preguntaban sin cesar y escuchaban los murmullos, no las palabras. En general, esta relación con las mujeres, y sobre todo cuando tenían novios o maridos, se hacía extremadamente difícil para ellas y hasta peligrosa para mí. Los maridos o novios comenzaban, de pronto, en cierto momento de mi relación con su esposa o novia, a sentir celos. Al principio no daban mayor importancia a la relación de ellas con un homosexual. Yo era, como me dijo una leonina una vez, el falo inofensivo. Ellos se quedaban tranquilos porque "sus" mujeres estaban fuera de peligro, siendo el peligro, sin duda, la infidelidad y la posibilidad de que se las cogieran. Los tipos siempre definen la propiedad (y los han educado para ello) como el acceso propio al cuerpo de la mujer, su derecho legítimo o no de machos a penetrar y ocupar. De pronto irrumpían los celos y quedaban aletargados, furiosos o indignados consigo mismos, sin entender. ¿Celos de un puto? ¿Celos de qué? Algunos, más lúcidos (hay hombres lúcidos, sin duda), comenzaban a sentir que podía haber distintos modos de coger, que se podía coger con otra cosa distinta de la verga. Como dijo uno, yo le cogía la mente a su novia. No se trataba de coger mentalmente, sino literalmente de cogerle la mente a la mina. Entonces comenzaban a competir. Les reprochaban a sus mujeres que "se dejaran" con una marica. Las mujeres no entendían. Si hay algo de lo que siempre voy a enorgullecerme, algo que aprendí desde temprano en la vida, algo que fue siempre mi bandera, eso fue que mi poder consistió siempre en renunciar a ejercer el poder. Otra vez, las palabras confunden aquí. Siempre recusé ser líder, representar el poder, imponerlo o imponerme. Cada cual podía estar conmigo, escucharme y hacer con lo que yo hiciera o dijera lo que le diere la real gana. Nunca—salvo en algún momento de juventud pelotuda—me puse en el lugar de la verdad y jamás dejé que me pusieran en posición o situación de representarla. Soy demasiado escéptico para aguantar eso.

  Desde mis primeras incursiones gremiales en el sindicato, hasta múltiples situaciones posteriores en que los demás me demandaban ejercer el poder o representarlo, yo los frustraba. Me iba y, como Viracocha, los abandonaba a su libertad. Las mujeres, mis mujeres, siempre supieron eso, por eso no entendían que sus machos pensaran que ellas, simplemente, habían cambiado de dueño. Lo que ellas experimentaban frente a mi modo particular de vivir era la necesidad de ellas de ser dueñas de sí mismas. Y cuando eso se tornaba en algo evidente para el machito de turno que tenían, el episodio se tornaba peligroso y desesperante, para él, porque se sentía vencido por "un marica asqueroso", y para ella, porque temía la violencia de su pareja o porque, en la mayoría de los casos, no sabía cómo redefinir los términos de la relación y rescatarla.

Uno podría decir en términos del psicoanálisis de calle que la situación se ponía tensa cuando se hacía evidente la diferencia entre pene y falo, entre tener y ser. Cogerse a la mina ya no era lo que definía la propiedad del macho; que un homosexual pudiera cogerle la mente a una mujer era algo que estaba más allá de la educación que el pobre diablo había recibido. En todo caso, parecía haber diversos órdenes o dimensiones del coger y del poseer. La cuestión llegaba a términos insospechados cuando el novio o marido, por alguna fascinación que no lograban explicarse, terminaban sintiéndose fascinados conmigo, o incluso experimentando ser cogidos en su mente por un marica. En estas circunstancias, algunos, muy pocos, terminaban redefiniendo lo masculino y lo femenino, y hasta decidían comenzar su propio camino de libertad. Son los que se convirtieron en mis amigos.

Se hacían mis amigos especialmente cuando se daban cuenta en qué consistía la relación conmigo, que estaba obviamente fuera de toda dimensión del coger (sea cuerpo o mente) y del poseer; especialmente, cuando se daban cuenta de que la puerta se abría a ese maravilloso paisaje de experiencias desamarradas, de ese más allá que se abría—que permanecería siempre abierto—y dejaba atrás los marcos egoístas, restrictivos, mezquinos del "coger" y del poseer. Mis amigos y mis amigas, o si quieren, el llegar a convertirse siempre en "amiga", consistía en las delicias (aunque a veces tuvieran el rostro de la desdicha) de recusar ser el pene y nada más que el pene, o bien de merodear el falo, pero no serlo (o pretender serlo imaginariamente). Ya no era cuestión de penetrar o dejarse penetrar por la realidad. Esos términos ya no eran apropiados. Se trataba justamente de abrir, de conmover el lenguaje, de sentir que se podían percibir fisuras, recovecos, dimensiones para las que las palabras ya no daban. Que valía la pena vivir sólo para eso, para merodear el lenguaje, para constantemente desacomodarlo y con ello desacomodar todo intento de llegar a alguna parte. Caminante, dijo el poeta, no hay camino, se hace camino al andar. Y yo agrego, sólo vale la pena el andar, ni siquiera vale la pena "hacer caminos". Nada de mapas, cada cual a lo suyo. Si es que alguna vez se topa con la puerta que abre a lo suyo, adelante. Algunos jamás se imaginan que haya puertas. Es una pena. Lo que más lamento es que estos pobres diablos sean justamente el objeto de mi deseo, sean los que llamo "mis hombres", los que me entretienen: pelo en pecho, pija parada y risible comedia de posesión.

Lo que damos no es mucho. Es apenas un toque, un roce, un fantasmagórico acercamiento. Pongamos por caso un hombre, de esos que siempre tiran para adelante, no importa sin con mujer o con hombre. Y de pronto quiere meterse allí, adentro, adentro de otro hombre. Culo y concha tienen una equivalencia perfecta. Culo de hombre o culo de mujer da igual. Sin embargo, el hombre de nuestro ejemplo quiere penetrar el culo de otro hombre. ¿Qué saca con eso? Nada diferente. Si se trata de filosofar, hay que admitir que lo gay, lo verdaderamente gay, nunca está del lado del hombre. Quiero decir, como objeto del deseo, lo gay pone al hombre como un más allá, lo que hay que alcanzar. No se trata de los hombres, sino de El hombre, que no existe. Ese "hombre" puede inscribirse en el cuerpo de una mujer. Lo gay está siempre del lado de la mujer. Por eso todo hombre, activo o pasivo, top o bottom, busca "el" hombre. Ese pedazo, si lo hay, que parece ser el simulacro de eso otro, que es también "la" mujer. Pido perdón por lo críptico, pero no tengo cómo decirlo. El hombre de nuestro ejemplo viene, viene a coger a otro hombre, a penetrarlo, a penetrarlo por el culo, o bien viene a hacerse chupar la verga. Sin embargo, en un instante, irrumpe ese poquito que damos. Este hombre se desliza en la cama y, con esfuerzo a veces, tal vez después de muchos intentos (pero el hecho es siempre lo de menos, vago empirismo), este hombre abre su boca y se lo traga. Lo chupa, lo disfruta, inmediatamente se repliega y aquí no pasó nada. O, mediante otra gestualidad, se desliza en la cama y, haciéndose que hace de potro, se sienta sobre su compañero y por un instante irrumpe otra vez ese poco que damos: siente el calor de la otra verga rozándole las nalgas y, con coraje, se entrega a esa sensación, como un terciopelo acariciándole húmedamente el ano. Pocas veces se pasa al otro lado, pocas veces se deja. Pocas veces se anima, raramente hace el esfuerzo mayor de alcanzar a "el" hombre empíricamente, qué más da. Quiero decir: pocas veces se la come. En ambos casos, esa zanahoria del conejo, ese poco que damos, hace de semblante del hombre, y entonces ahora sí, sigue cogiendo, como macho, como le enseñaron, y se satisface. No, por cierto, con la eyaculación (que a veces, hace tiempo, antes del sida, era una ocupación corporal, territorial, del otro). Era, como sabemos, una endeble certificación que compensaba de haberse dejado llevar por el deslizamiento. Así, "el" hombre y "la" mujer son como las dos caras de una misma cinta infinita, que confunde su afuera y su adentro. Claro, la famosa banda de Moebius. No importa el dato. Lo que importa es que en el momento del deslizamiento alcanza al hombre, mediante un instante en que cede, a la mujer. Ser mujer, ponerla afuera, más allá, más acá, que más da. Lo gay se define, no solamente por su subalternidad social, por ser la mujer. La marica no tiene problemas con esto, no necesita deslizarse, está, digamos, deslizada de antemano. Pero su deseo no por eso deja de ser igual: busca al hombre por otros caminos y se encuentra, por un instante, con la mujer, en el momento en que le chupan la verga que quisiera no tener o le hacen sentir la existencia de su propia verga instantáneamente entreverada frente al hueco oscuro de las entrenalgas del supuesto macho. Nada de masculinidad en estos lares. Todo es mujer. Uno, a costa de hacerse el macho, alcanzando por un instante al hombre, vive por un instante la mujer. El otro, pretendiendo actuar como mujer, alcanza por un instante al hombre, en la mujer a la que el otro ha devenido, por un instante. Terminado el encuentro, uno se va con lo poco que le dimos, y nos deja (o nos dejaba) con lo poquito que nos dio. Lo masculino es siempre un simulacro, una comedia. Lo femenino es siempre deseo. Y si no, vean a los chicos gay de los cueros y las tachuelas, pura parodia. Así, donde dos hombres están cogiendo, anal u oral, poco importa, más allá de las posiciones performativas de ser macho o hembra, está el ser mujer y la búsqueda del hombre. Sea éste mi humilde aporte. El que quiera oír, que oiga.

Historias de la Avenida Santa Fe

Soave Libertate

Muchas veces uno tiene hambre de realismo. Las maricas queremos vernos en las pantallas y muchos directores, maricas también, quieren esforzarse por llevarnos al cine y a la televisión. Pero los resultados son sorprendentes, por lo irrealistas, por lo inconsistente, por lo estúpido y hasta por lo francamente homofóbico. Nos quejamos de que las maricas siempre aparecen como tales, como maricas, y entonces las mismas maricas producimos novelas y películas para demostrar que no somos tan maricas. Podemos enfurecernos, y con razón, de que siempre nos pongan como peluqueros o modistos (y la verdad es que no entiendo por qué nos enfurece eso, y creo que ningún modisto o peluquero se enfurece por verse así en la pantalla). En realidad, ese "con razón" es muy problemático. Nos enfurecemos con la razón del otro, del académico que, marica o no, quiere ponerse como el iluminador de los verdaderos caminos de la representación y de la identidad. En fin, lo cierto es que uno va a ver películas como *Adiós, Roberto* o bien *Otra historia de amor*, y se pregunta qué tiene eso que ver conmigo. Me empacha ese afán de mostrar que somos hombrecitos, que al fin y al cabo somos hombres como cualquier otro, con la salvedad de que nos gusta otro hombre. ¿De dónde sale eso? Estas películas son increíblemente irrealistas. Para los trolos que vivimos en Buenos Aires y en especial antes y durante la dictadura (todo cambió después), lo "real" era el yiro por la Avenida Santa Fe o irse a tomar un café al Olmo o bien, para los más sofisticados, sacarse una entrada de pie (aunque tuviera dinero para pagarse una sentado) en la tertulia del Teatro Colón. En ese sentido, Manucho era bien realista. En el Colón se cogía, y mucho, o se levantaba. Era una comunidad bastante endogámica donde, pasado un tiempo, uno se daba cuenta de que todos se habían acostado con todos. Pero, ¿ha visto alguien en el cine o la televisión argentina un yiro por la Avenida Santa Fe o un levante en el Olmo o en el Colón? Jamás. El otro delirio de los cineastas o los escritores es la marica sufriente, golpeada, como pone la Bemberg en *Señora de nadie*, como la Molina de

Puig o la patética que vemos en *La Tregua*. Yo, como buena marica, lo puedo decir y podría nombrar a muchísimas otras que me acompañarían en este testimonio: me la pasé yirando y no recuerdo que me agarraran en el baño para pegarme, o que me hiciera el hombrecito para seducir a mi jefe, o que tuviera que mantener a alguno de mis chongos. Algunas locas, obviamente, han padecido todo esto e incluso más, pero "todo esto" no puede reclamar el derecho a ser "toda" la representación de nosotros.

Recuerdo, por ejemplo, cuando trabajaba en una compañía de seguros donde casi todos los empleados jóvenes éramos maricas. Uno de los jefes, casado y con familia, se los cogía uno a uno (lamentablemente no lo hizo conmigo), y nunca hubo ni broncas ni quejas ni dramas. Éramos una comunidad de excelente convivencia y hasta de alta productividad, que bien hubiera merecido una película, pero nadie filmó eso.

¡Ay, aquellos tiempos maravillosos en que se caminaba por la Santa Fe! Uno miraba a un tipo, el tipo lo miraba a uno, sólo bastaba detenerse a (no) ver ninguna vidriera, y esperar la frase de siempre, frase maravillosa, mágica: "Hola, ¿tenés hora?". Y uno contestaba cualquier cosa y se iba caminando lentamente, hasta que se intercambiaban teléfonos o se arreglaba una cita o, como muchas veces me ocurrió, se iba uno directamente a la cama. Las historias, las verdaderas historias de las maricas están en estos encuentros, en estos amores de una hora o de un mes o de años que comenzaban con la frase maravillosa. Nadie ha escrito estas historias. Hoy tengo ganas de ser realista, completamente, una realista de clase media, pequeñoburguesa (y a mucha honra), que yiró por la Avenida Santa Fe, que levantó tipos en el Olmo, que cogió en las escaleras del Teatro Colón. Para no hablar por las otras, voy a contar alguna de estas historias, para ver si algún director de cine se atreve a contar finalmente la historia de una marica, que no tiene por qué ser "otra" historia de amor.

Soave Libertate

La Avenida Santa Fe era, hasta el comienzo de la dictadura, un área de cruising, como se dice hoy día. A cualquier hora uno podía desplazarse, sea porque estaba trabajando o sea porque estaba simplemente yirando. Durante la dictadura del 76-83, siguió siendo un área de levante, pero cada vez más amenazada por las patrullas policiales que aparecían a cualquier hora, se aposentaban en una esquina o a mitad de cuadra, y pedían documentos. Se llevaban a la gente que se les cantaba, porque, si al principio la excusa era llevarse gente por falta de documentos, el terror hizo que todo el mundo llevara su cédula de identidad, emitida por esa oprobiosa institución argentina. Empezaron a decir que aunque uno tenía documentos, era importante hacer su "averiguación de antecedentes", lo que significaba 24 horas en cana, por lo menos. Yo estuve tres veces y ya contaré esas historias. La primera vez me tuvieron, ilegalmente (¡!), 36 horas o más.

En fin, vayamos primero a aquellos días dorados del levante porteño. No había en aquel entonces chatroom y ni que faltaba. Yo nunca visité los baños de Retiro, tan famosos, ni ningún otro baño, salvo el del Teatro Colón. Aunque jamás, confieso, tuve sexo en un baño, ni en el del Colón ni en ninguno. Siempre necesité—salvo ese desliz en una escalera del Colón durante una ópera que ahora no recuerdo—la intimidad de un espacio seguro, con lugares confortables donde desnudarse y tirarse. Un buen sofá o una buena cama. Siempre me gustó ver el cuerpo desnudo de mi compañero, fuera flaco, gordo, lindo, musculoso o como fuere. Nunca me centré, si cabe la palabra, o me focalicé solamente en el pingo (me gusta usar a veces palabras que aprendí más tarde en Tucumán, y se incorporaron a mi lenguaje porteño con todo ese sabor que tiene lo tropical), Así que, queridos porteños, cuando diga el famoso verso gardeliano de "berretines que tengo con los pingos", a no confundirse, por favor. Ya saben a qué me refiero. Por supuesto, nada más alejado de las carreras de caballo, aunque, obviamente, todo muy cercano a los potros. (¿No es maravilloso referirse a los tipos con este lenguaje ganadero tan vernáculo?).

En cuanto a los espacios, siempre fui bastante pequeño-burgués (y hasta la daba de intelectual) con pretensiones de más, sin llegar a caer en la pavada consumista. Y esto se fue incentivando con los años, ya que, cuando joven, aceptaba a veces ir a garchar a casa del tipo que había levantado, pero más tarde, y debido a varios inconvenientes que podría reportar, fui teniendo mi propio lugar y a partir de entonces ya siempre opté por coger en casa. Mis aspiraciones fueron siempre muy modestas: siempre aspiré a un departamentito cómodo, bien iluminado, unos ahorritos para viajar y vivir tranquilo. Nunca tuve ambiciones desmedidas, como tener auto y cambiarlo cada año y cosas por el estilo. Menos aún me atraen las pilchas. El espacio propio fue siempre para mí fundamental; espacio mío, controlado por mí, que me permite disfrutar más del sexo. Nada más lindo que, cuando se va el susodicho, uno se mete en la ducha y se va a dormir. Eso de tener que viajar, y peor si en colectivo o tren, después de una parranda sexual, es algo que me resultó siempre imbancable.

En aquellos tiempos gloriosos de la Avenida Santa Fe existía eso que podría ahora denominar "coquetería", para no bautizarlo con otros nombres más pomposos pero menos simpáticos. La mirada era el punto inicial. La atracción física, el cuerpo del deseado allí a un paso de uno, el color de su piel, el ritmo de su caminar. Inmediatamente, con la frasesita de "¿tenés hora?" se apreciaba el tono de voz, el grano, el granulado de su voz, y la inmediata certeza de que el encuentro prometía o no prometía una cama descomunal. Todo esto es imposible de apreciar por las generaciones de la computadora o los pobrecitos que deambulan por los guetos gay o los dark rooms de la city porteña. Era maravilloso hacer un levante, coquetear con la mirada por una cuadra o dos, sentir ese nerviosismo de estar en medio de mucha gente y fingir que uno se conocía. A veces se iba a tomar un café, después de dar la hora. Si ambos estaban en horario de trabajo, se fijaba una cita, que podía consistir en ir directo al asunto o bien en diferir la gratificación (como en las telenovelas) y entonces encontrarse para ver una película o comer una porción de pizza. Lo lindo era que uno llegaba a la cama con una imagen bastante concreta del otro (no digo con un saber del otro, pues eso sería un disparate, dado el poco tiempo y las mentiras que la gente cuenta en estos casos). Pero uno podía medir bien la calidad de lo que llevaba a casa: estaban esos tipos que no tenían gracia ni para dar la hora y que, naturalmente, uno, después de un par de palabras, dejaba diluir en la nada. Claro está, había excepciones: si era un chongo de esos que suele producir la cultura nacional, con esos cuerpos de maravilla, aunque fueran unos tarados, uno terminaba asistiendo a la cita. En general, el interés mutuo se medía instantáneamente, lo que hoy los pendejos llaman "química". Había o no había química, y eso se sabía a flor de piel. Esto no quiere decir que uno no se clavara (en el doble sentido, por desgracia). Muchas veces, con química y todo, me ha pasado de ir a pararme a una esquina o a esperar en un café, y para nada. Un plantón. Cosa siempre solucionable. Aprendí a esperar 30 minutos, plazo de tolerancia. Si no aparecían, me iba, y si podía, sustituía inmediatamente.

En este marco, quisiera contar una de mis tantas historias.

Yo acostumbraba a ir a una cafetería en la Avenida Santa Fe, la famosa El Trébol, recordada, siempre evocada, como si fuera una letra de tango. En lo posible, me sentaba en una mesa al lado de la ventana. Iba casi todos los días, a veces tarde en la noche. Confieso con toda honestidad que el 90% de las veces iba a leer. Sólo lograba concentrarme en el bar. A veces, claro está, aunque salía con el libro bajo el brazo, salía con el único objetivo de traerme un tipo al departamento. No me avergüenza decir que eran días en que la calentura podía más que mis intereses literarios. Sin embargo, en general, ocurría que salía a leer y, oh sorpresa, de pronto unos ojos se cruzaban en mi camino y sonrisa va y sonrisa viene, terminaba ensartada. Los mozos del lugar ya me conocían, aunque en realidad creo que pensaban que era uno de los clientes más discretos, porque no tendía a levantar gente en el bar. Hasta que una noche, tipo nueve de la noche, me siento en la mesa de costumbre, y veo un par de faros azules que me encandilan. Un tipo que hoy llamaría, con el vocablo inglés, *cute*. Este término, no sé por qué, lo uso siempre cuando pienso en este tipo y en general suelo pronunciarlo cuando me enfrento a esos bonitillos que son como muñequitos. Cabello negro, cejas y pestañas negras, contorneaban su cara de piel blanca y sus ojos azules, no celestes, azules. Tenía una boca perfecta, era flaco y bien proporcionado. Estaba nervioso, se lo veía casi angustiado. No me sacaba la mirada de encima. Yo intenté leer y olvidarme, pero era imposible. El mozo, por primera vez en todos los años que frecuenté ese bar, se puso a sonreír. Yo intentaba concentrarme, pero era inútil. El tipo me empezaba a poner nervioso. Era tan atractivo y varonil que me parecía casi imposible que se fijara en mí. Lo que me quedaba claro era que no era del ambiente. Atención, me dije, otra vez será necesario ser fiel a la profesión pedagógica. Pero esto, obviamente, no era algo claro en mi mente, sino algo más bien turbio. Me atraía el tipo, pero me daba como miedo. Una nunca sabe los maníacos que puede haber en la calle. Mi abuela siempre me aconsejaba andar con paso firme, despacio, no irse de cabeza. Además, estos tipos siempre me eran sospechosos de cambio de moño. Me explico: con una loca amiga, siempre hablábamos de salir de yiro, obviamente llevando puesto el moño rosa. Pero siempre llevábamos el moño celeste (como una consigna nacional) escondido por ahí, por si se daba el caso de que el chongo se nos daba vuelta. Entonces nos sacábamos el moño rosa y hacíamos lo que podíamos con el celeste. Ya en la batalla, hay que pelear, con el moño que sea.

  Volvamos a El Trébol. Leí cuanto pude y cuando pagué, el tipo se levantó. El mozo me sonrió nuevamente, como diciendo "esta vez si que te llevás buena mercadería", cosa totalmente injusta, porque aunque me había visto tomar café con muchos tipos, no todos eran producto del levante. Muchos eran amigos o compañeros de la facultad. Los machos o los héteros siempre creen que todo tipo que está con un puto es el que se lo coge. Ni me tomo el trabajo de elaborar estas proyecciones. ¡Pobrecitos! ¡Un poco de Freud no les vendría mal! En fin, el tipo esperaba afuera. Yo tardé lo que más pude, no es cuestión de demostrar lo que uno siente, así es como nos enseñan a ser hombres. Al salir, caminaba nervioso mirando una vidriera. Me acerqué, le dije "¿cómo te va?" y comenzamos a hablar. Me dijo que lo esperara, que iba a buscar el auto. Eso ya se puso complicado. No me gustaba subirme a los autos. Me daba una terrible sensación de indefensión. Lo hice varias veces y cada vez me prometía evitarlo la próxima vez. Pero una tiene el no débil y el sí apresurado. Desapareció por unos instantes para reaparecer en un Falcon, que no era verde, pero era un Falcon. Para el que no lo sabe, que lo sepa: los Falcon verdes eran los usados por los policías, el ejército, los parapoliciales, la Triple AAA, etc, todo lo que suene a tortura y horror. La mayor parte de los desaparecidos durante la dictadura fueron subidos a esos Falcon (la voz pasiva aquí no es influencia anglo, es fundamental para hablar de aquella época).

Esta vez los ojos azules pudieron más. Subí. El muñeco estaba nerviosísimo. Le pregunté qué le pasaba. Sudaba. Me dijo que se casaba el sábado (era un jueves) y que tenía que hacer algo que siempre sabía que tenía que hacer (disculpe el lector estas subordinadas de subordinadas, pero así hablaba el tipo). Me dijo que antes de casarse él sabía que tenía que acostarse con un tipo para saber cómo era. Que había fantaseado mucho y que debía finalmente pasar a la acción y sacar sus conclusiones. Se trataba, como puede verse, de una cuestión más epistemológica que erótica. Le dije que si era eso, que se tranquilizara. Que podíamos ir a mi departamento, a unas cuadras y que si él sentía que la cosa no le agradaba, pues que avisara, parábamos y aquí no había pasado nada. Yo no podía dejar de imaginármelo en bolas. Al menos, verlo en bolas, me dije, y que le vaya después a cantar a Gardel. Eran épocas sin SIDA, así que mi otra fantasía era, en caso de que la cosa progresara, sacarle hasta la última gota de la leche a su soltería. Lo traté como buena docente que soy, la abnegada maestrita argentina. Le ofrecí algo de tomar, hablé de cualquier cosa, como para que se relajara un poco. Y luego me dijo que por favor procediéramos pronto. Fuimos a la cama. Le saqué la ropa mientras lo besaba. Era hermoso como un príncipe. A medida que descubría su cuerpo me daba cuenta de que su belleza era verdaderamente algo que me trastornaba y no genitalmente, sino visualmente. Era para mirarlo y mirarlo, como una obra de arte. Tenía un pene muy pequeño: dios no da todo, decía mi abuela y lo comprobé miles de veces en la vida. Al punto de que cuando me iba a encamar con algún feo, me decía justamente lo contrario: algo bueno debe haberle dado dios. Y nunca me equivoqué. Aprendí que hay que saber en cada caso encontrar lo que dios puso de bueno en cada cual. No pretender más.

El chico tenía una calentura que se registraba en sudor y creo que hasta en fiebre. Se volvía loco abrazando mi cuerpito de entonces, tan delgado. En fin, la cosa parecía que le estaba gustando y yo me preguntaba qué resolución tendría tomada por anticipado, para el caso de que la cosa le gustara, porque el tipo tenía todo calculado. La cuestión se desvanecía cada vez que iba a penetrarme. Lo intentaba, y el penecillo no respondía, se caía como una baba. Le dije que no se preocupara. Pero él insistía en que tenía que saber qué se sentía dentro del culo de un tipo. Lo intentó unas tres veces, hasta que se convenció de que no iba a lograrlo. Entonces me pidió que lo masturbara.

Y allí ocurrió algo que hasta el día de hoy me parece casi de realismo mágico, de ese realismo mágico que sólo puede ser mágico para quien no es latinoamericano. Le puse un poco de cremita, en esa época se usaba el sapolán Ferrini. A los pocos instantes el tipo empezó a jadear, parecía que iba a levitar del placer y de pronto sentí que desde dentro de su cuerpo, como un volcán, salía entre temblores extremos un chorro de semen tan poderoso que, como un arco, cruzó toda mi habitación y se fue a estrellar contra las paredes del placard frente a la cama. Y lo que más me tenía paralizado de la sorpresa, era que el chorro no cesaba. Le salía leche como si nunca en su vida hubiera acabado. Yo sentía en la palma de mi mano la vibración del semen pasando por su pequeño pene y me lamentaba de no haber sentido ese chorro dentro de mí. Como en esas alternativas que alguien —no recuerdo quién— llamó letales, en que ninguna de las dos posibilidades pueden satisfacernos, yo sabía que si hubiera acabado dentro mío, me hubiera perdido el espectáculo y que, frente a la contemplación del espectáculo, me perdía la posibilidad de haber sentido en mí ese arrebato líquido inusitado. El muñeco quedó exhausto, como si hubiera pasado por un cataclismo. No me animé a preguntarle si era virgen, si alguna vez al menos había tenido una polución nocturna. Me quedé en silencio mirando su semen chorrear lentamente por las paredes y las puertas del placard. Era una fiesta ocular. Al rato se levantó, se lavó y se fue. Nunca supe qué habrá sido de su vida, si habría acabado así en la noche de bodas, si mientras penetraba a su flamante esposa se acordaría de mi mano transpirada y caliente batiendo su órgano, si alguna vez habrá logrado, como tantos otros casaditos, conocer la dulzura tibia de un ano masculino. Por mi parte, yo no pude nunca olvidarlo.

Otra historia de la Avenida Santa, que guardo en mi archivo espectral del pasado, exige ser narrada. Como era natural, caminar por la Santa Fe significaba arreglarse. A veces yo no me afeitaba o no me ponía ropa fina, pero igual iba siempre con algún toque de coquetería. La coquetería, que implicaba el vestir, pero también el juego de las miradas y las frases insulsas para hacer contacto, ese momento de nerviosismo que no se puede sentir frente a la pantalla de una computadora, era toda una institución. A cierta hora y en ciertos días, uno podía levantar a un oficinista, a un gerente, y hasta a un musculoso cadete, que después de los intercambios de la hora, se animaban a echarse un polvo inmediatamente (si alguno de los interesados tenía lugar cerca del lugar del encuentro), o bien se quedaba para más tarde y en cierta cafetería. No sin cierta falta de corrección política me animo a decir que afortunadamente, en aquellos tiempos, casi no teníamos discotecas. Otros días menos laborables daban lugar a gente más informal, con vaqueros (que son la prenda más erótica del mundo, especialmente cuando marcan los muslos y el bulto, y que cuando el sujeto tiene un buen culo, puede volver loco a cualquiera), remera, musculosa o sudadera, como le dicen en Los Ángeles, zapatillas o sandalias, cuando es verano. En fin, cada prenda daba lugar a diferentes "calentamientos". No es lo mismo sacarse una musculosa que sacarse o sacarle a alguien, parsimoniosamente, una corbata, una camisa impecable, unos pantalones con rayas, zapatos y medias. Todo esto daba distintos matices. A veces me encantaban estos oficinistas o, como les dicen o se autodenominan ellos, ejecutivos, tan formalitos y tan prensados, que de pronto se soltaban en la cama como un vendaval. Otras veces me gustaba más el tipo que iba a comprar frutas al mercado y de pronto, allí mismo, se para y, como en el relato de Quevedo, lo cogía la hora, lo cogía la frase maravillosa sobre el tiempo justamente en que el corazón se para, en que todo se detiene, en que solamente existen los ojos del otro, la respiración, el relojeo de ver el cuerpo de arriba a abajo y de imaginarse, lentamente, como si todo volviera a la normalidad, el cuerpazo desnudo del susodicho sobre el cuerpo de uno.

  Pero esta historia que quiero contar ahora, no involucra tanto el traje del oficinista o la musculosa del chongo que va al mercado. Yo iba por la Santa Fe, un día cualquiera, creo que eran como las 7 de la tarde. Debe haber sido un día sábado, cuando no hay tanta gente. No era domingo, estoy seguro. Veo un auto que me sigue, miro para todos lados y constato que sí, que es efectivamente a mí a quien está siguiendo. Como ya dije, nunca me gustó montarme en autos de desconocidos. Aunque, como en este caso, hice una excepción. El auto iba al ritmo de mi caminar, lo que constituía en sí mismo una subversión en ese contexto. Mi culito debería ser un para-todos-lados, como mis amigas me decían. La cuestión es que de a poquito, voy tratando de ver qué tal está el chofer. Y la verdad es que no parecía nada mal. Al intentar cruzar una calle que corta Santa Fe (no me pregunten cuál, ni idea, tal vez Junín, tal vez Talcahuano), el auto se me adelanta y me impide cruzar. (Yo me pregunto qué recuerdos tendrán las maricas que no vivieron avenidas como la Santa Fe, que hoy van, como yo, al chatroom, como quien va a un supermercado, al stock de putos y chongos ofrecidos, aburridamente tabulados por peso, altura, edad y tamaño de la pija; me pregunto qué recuerdos tendrán, qué emociones que pudieran compararse a la coquetería de este señor que, a la vista de los caminantes, interrumpe mi paso y abre la ventanilla para descaradamente preguntarme la hora).

 Permítanme contar esto en presente: Lo miro, la verdad es que me gusta, me pregunta si podemos conversar e intenta abrir el coche. Le digo que no voy a subir. Mientras tanto, veo pasar alrededor caras de matrimonios que pasean niños, todos con caras de perros, que me miran disgustados. "¡Estos putos son una plaga, una calamidad! Habría que sacarlos de la vía pública". Seguramente pensaban eso, y la dictadura, más tarde, les haría caso. Yo siempre fui bastante discreto, pero para estos matrimonios aburridos paseando niños un sábado (sí, seguro que era un sábado), las fantasías les serían tan insoportables que les despertaban los peores sentimientos. Es imposible no sentir ese odio profundo cuando uno se imagina que esos otros están tramando una cogida memorable, una farra de los sentidos, y que ellos, sea el marido o sea la esposa, tendrán que conformarse con cambiar pañales, calentar biberones y, si hay energía, echarse un polvo aburrido, rutinario.

 De modo que me niego a subir al coche y sigo caminando. El tipo acelera y yo me digo: me lo encuentro en la esquina que viene, que es mano para este lado. Este tipo se aparece, seguro. ¿Y qué voy a hacer? Caminar una cuadra siempre fue una buena estrategia. Sea con el levante peatonal, como con el levante motorizado, caminar una cuadra antes de tomar decisiones definitivas es siempre aconsejable, siempre es bueno medir, sopesar la mercadería que uno va a llevarse a casa y va a engullirse. No es cuestión de responder al impulso ciego de la primera calentura. Además, hay que pensar que en la calle esperan otros encuentros. Como me lo imaginaba, el tipo está ahí, ya lo veo, parado (digo, su auto parado, y quién sabe qué más), lo veo desde la mitad de cuadra, estacionado en un lugar no permitido, esperándome. Se dan cuenta: ¡esperándome! Esta celebración de la seducción es algo que no he podido volver a sentir desde la dictadura hasta ahora mismo que escribo estas líneas. Y ha pasado, creánme, mucha, mucha, pero mucha agua bajo el puente.

    Ahora su ventanilla está del lado de la vereda. Me sonríe y con mirada de carnero degollado me pide que me detenga, que hablemos. Me acerco. Me dice que tiene lugar, si quiero pasar un rato, que después me trae de regreso a donde yo le diga. Mientras habla, le miro el bulto, hinchadito. Le miro los muslos. Ya dije que unos muslos bien formados destrozan mi corazón. Y una, siempre con el sí flojo y el no debilitado, termina por ceder. Me subo al auto, hacemos las presentaciones. Era una época en que lo máximo que uno podía agarrarse era una sífilis, de modo que, si días después uno tenía alguna secreción, después del VDRL (creo que así le llamábamos al análisis de sangre), se sometía a un baño de penicilina, y listo el pollo. A la calle otra vez, o a la Avenida Santa Fe, sagrada, evocada, nunca suficientemente añorada y amada.

    Vamos para el lado de San Telmo o Parque Patricios, creo que detuvo el auto por Independencia o Belgrano. El tipo agarra mi mano y la pone sobre su bragueta. Tenso, el pantalón parece estar a punto de rasgarse. Me pide que le apriete el choto y lo hago, jubiloso. Me doy cuenta de que esta historia promete, que este señor tiene todo lo que uno espera que tenga un señor. Veo que detiene el auto justo frente a una iglesia. Me dice que lo espere, que enseguida vuelve. Lo veo entrar por una puerta lateral del templo, seguramente, me digo, la sacristía. ¿Qué está pasando aquí? Ahora el tipo viene, más tranquilo, menos nervioso, y me dice que baje rápido y que entre rápido. Lo hago. Entro a una sala con cristos colgados y figuras de santos, casi sin muebles. Me dice que pasemos a su dormitorio. Para ello, cruzamos la nave de la iglesia. Me da un no sé qué. Me paro al medio, frente al altar, y le digo que no, que yo no puedo hacer esto, que yo no voy a profanar un templo, que yo no soy practicante, pero que no voy a poder hacerlo allí. El tipo me toma de la cintura y me lleva a su dormitorio (creo que yo me anticipé a fantasear, muchos años antes que Madonna, un polvazo frente al altar. Creo que la historia de mi vida—tan banal comparada con la de otros putos—está escrita con miedo, con ese miedo abismal, visceral, que quiere y que no quiere, que se pone más intenso cuanto más prohibido). Nunca me incliné por las orgías, con riesgos de naranjas en el culo; tampoco nunca me gustó yirar por los baños como perra hambrienta ni me incliné por lo que pudiera ofrecerme a la fiesta del monstruo de la homofobia masculina.

Entro a la pieza. Está llena de estatuas de santos, esas imágenes tamaño natural que el catolicismo supo crear para trastornar los sueños y los destinos de la gente. Hay una cama alta, con colchón abultado. No puedo seguir mirando, el tipo me agarra, me besa, me estruja contra su cuerpo. Yo, que pensaba darme una sesión de primera categoría, sintiendo ahora cómo finalmente se abre esa bragurta suculenta y su secreto carnal se ofrece empinado a mi placer, yo que tenía ganas de hundirme en ese pecho peludito y sentir el arrebato de su cuerpo empujado, ayudado, por la fuerza de sus muslos, me veo ahora ajeno a lo que está pasando. El tipo me desviste. Respira aceleradamente. Parece que hace años que no coge. Yo no puedo. Los ojos brillantes de esas estatuas me persiguen por todas partes. Hasta creo que parpadean. La virgen con el niño ha dejado de sonreír, el sagrado corazón de jesús parece desgarrarse al ver lo que está sucediendo, el cristo chorrea sangre por todas partes, todo parece darme vuelta.

Caigo en la cama, mareado de besos que no puedo disfrutar, perseguido de ojos que no me atrevo a mirar, y de pronto me da vuelta y siento el frío del sapolán y enseguida la verga gruesa del cura entrando en mí, desesperada de goce, serruchando y serruchando hasta que lo siento elevar el nivel del jadeo, hasta que alcanza la explosión final, ese momento maravilloso en que el otro se da, se desagota, se expande dentro de uno. Lo siento tiritar, con espasmos, quiere más, siento su verga dura, como antes, como siempre, y otra vez, y otra vez al serrucho, hasta que acaba nuevamente, lleno de felicidad. Queda rendido sobre mí.

Yo, mientras tanto, escondo mi cara en la almohada. De repente reacciona. Se viste, me pide que me vista, que me vista rápido. Hay olor a cura por todos lados, ese olor que he despreciado, junto con la iglesia, desde mi más tierna infancia. No es que no sea religioso, al contrario, mi alma siempre estuvo sacudida por los temblores de un misticismo inexplicable. Pero no la iglesia, esa máquina de reprimir gente, de reprimir deseos, de reprimir la vida, ese depósito de oro y de saqueos. Me lleva al auto prácticamente a los empujones. Cruzamos otra vez por la nave y él no se persigna frente al altar. Su mirada ya es un charco de culpa (gracias Vallejo), un remordimiento oscuro, asqueroso, que me indigna y me ofende. Sin hablar, me lleva de regreso a la Avenida Santa Fe.

Le pido que me lleve hasta casa, como había prometido. Me dice que no, que debe volver inmediatamente. Me bajo del auto y éste acelera perdiéndose en la noche de una calle cualquiera. Quién sabe cuántos rosarios le habrán costado esos dos polvos. Y yo ahora camino, los maniquíes de las vidrieras me devuelven a la realidad, me confiesan que aquellos otros eran también como ellos, malos sueños, aparatos decorativos para captar la mirada, las miradas, todas las miradas del mundo. De a poco voy sintiendo ese cosquilleo en el centro de mi vientre, ese ardor anal que certifica que alguien entró, habitó, depositó lo suyo y salió. ¡Un cura, dios mío, no lo puedo creer! ¡Me volteé un cura! Esto tengo que contarlo, me digo, a todos, a todas mis locas amigas. Soy divina, estoy bendecida por dentro y por fuera. Dios y los santos han sido testigos. Le he dado todo a la iglesia, lo mejor de mí. Fui el sacrificado. Me dejé allí hacer para el placer del otro. Soy ahora la culpa del otro. Su remordimiento, su pecado. Esto me emociona, es casi un tango. Me dan unas ganas increíbles de coger, quiero coger, quiero que me cojan hasta el hartazgo, tengo que caminar, caminar, hasta encontrar otro tipo, alguien que se deje, que se brinde ahora sacrificialmente a mi placer. No voy a volver a mi departamento hasta que no encuentre un tipo. ¡Santa Fe, Santa Avenida Santa Fe, deja que los hombres vengan a mí!

Otra vez Avenida Santa Fe, como a las tres de la tarde de un día soleado de primavera. Iba de yiro cuando lo vi. Sus ojos glaucos me eran conocidos. Los tenía como grabados a fuego en mi deseo. Se llamaba, creo, Rodrigo. No recuerdo bien eso ahora. Nos encontrábamos todas las noches en la tertulia del Teatro Colón. Yo lo veía y me derretía. Pero jamás había conseguido una sola mirada suya, ni siquiera de desprecio. Yo le era totalmente indiferente, me sentía invisible. Sabía que yo no era de una hermosura descomunal como para atraer su atención, pero uno tiene su narcisismo, pues. En cambio él era sumamente bello y masculino, y asumía con naturalidad que las maricas y las mujeres debían ponerse a sus pies, circular como moscas alrededor de la miel. A pesar de su contextura robusta, estudiaba danza y canto en el Colón y hasta creo que se subió un par de veces al sagrado escenario. En los entreactos, estaba siempre rodeado de las maricas que se volvían locas, más locas de lo que ya eran, por él. Me moría de la envidia cuando lo veía, al final de la ópera, irse con algún jovencito. Ahora, esta tarde primaveral, era yo quien iba por la Santa Fe y lo veía venir en dirección contraria a mí, con pantalones de terciopelo marrón y ese caminar completamente porteño, con enorme desprecio del mundo y lleno de soberbia, llevándose el mundo por delante, sin siquiera reparar en la gente, como si no le importara. Él era el centro del mundo. Y nos cruzamos. Sin mayores esperanzas, di unos cuantos pasos—como era la costumbre, un lapso calculado, que solamente los entendidos podíamos realizar y medir— y me di vuelta. Y para mi sorpresa, vi que él se daba vuelta. Miré a todos lados y ni una loca a la vista. Me estaba mirando, a mí. Como ocurría siempre en esos casos, ambos nos detuvimos en alguna vidriera, a metros uno del otro. Me palpitaba fuerte el corazón, entre otras palpitaciones más o menos diseminadas por todo mi cuerpo. Luego del vidrierazo, venía el delicioso juego de poder para ver quién se acercaba a la vidriera del otro. Y obviamente me tocó ir a mí. Si Mahoma no va a la montaña, la montaña va a Mahoma. Así dicen y así procedí. El hola-hola ritual. No me conocía y esto era comprensible porque nunca había reparado en mi presencia en años de ir al

Colón casi tres o cuatro veces por semana con entradas para estar de pie, que era lo máximo que podíamos afrontar o, para muchos más afortunados económicamente, lo que permitía un plus estético añadido al espectáculo, que era estar codo con codo muy apretado en la tertulia. Comenzamos a caminar y terminamos en mi departamento. No recuerdo si tomamos algo. El diálogo era eléctrico y difícilmente podría reproducirlo aquí. Era una competencia para ver quién sabía más de ópera, quién había visto más, quién hacía la crítica más sagaz, quién se mostraba más autorizado y, claro está, él me ganaba siempre, y eso lo satisfacía. Luego fuimos a la cama. Era la hora violeta, como en la novela de la catalana, que se desplegaba sin pudor por todo el ancho de mis ventanales de un piso 13. Se desnudó velozmente. Me quedé atontado con la belleza de su cuerpo pero más aún con la enormidad de su pene. Uno sabe que tantos atributos muy raramente van juntos.

Cuando uno ha deseado algo por mucho tiempo, y ese algo de pronto se le ofrece, uno—al menos yo, caigo en una especie de estupor, de nadidad. Me quedé mirándolo. No sentía nada, era como si yo no estuviera allí. Abrió las cortinas y dejó a Buenos Aires completamente desnudo, extendiéndose bajo mi balcón y bajo un cielo de película. Me desvistió y me dijo, yéndose al extremo opuesto de la poesía, que me iba a reventar el orto. Y yo sabía que era literal, porque con esa pija no se podía esperar otra cosa. Pero antes me tomó en sus brazos y comenzó a levantarme como una bailarina. Yo era como un papel, como un pelo que se sacudía en el aire. El se divertía conmigo, con el telón de fondo del atardecer, en un pas-de-deux maravilloso realizado al borde de una cama. Luego me ensartó, no sin dificultades y entre algunos quejiditos míos, me siguió sacudiendo por el aire. Yo entendí que él pretendía algo más que una cogida. Quería disfrutar de la altura, de ver a Buenos Aires desplegado a sus pies, de sentirse cogiendo en el cielo y disfrutando de su masculinidad portentosa como un ídolo autoconsagrado. Cuando la tuve adentro sentí su impresionante energía. Eran como reverberaciones o ecos que emergían de su vaina y se expandían desde mi vientre hasta mi cerebro, mis dedos y uñas de pies y manos. Nunca sentí ni sentiría algo igual. Con su pene dentro de mí, me levantaba y seguía la danza maravillosa de este coito sorprendente. La música de mi aliento y de su respiración era todo lo que nos acompañaba. No hubo en esta coreografía un solo movimiento que se pareciera a todas mis "presentaciones" anteriores. Originalidad pura, que no se olvida jamás. Su cuerpo llegó al momento crucial y el orgasmo fue mutuo y toda la tarde violácea y toda la orquesta de nuestra respiración daban un acorde perfecto. Luego de descansar un rato, se cambió y se fue. No prometió nada.

  Nos encontramos en el Colón algunas veces después de este encuentro, pero él siguió sin reparar en mí. Mi envidia cuando lo veía irse con alguien al final del espectáculo, se había transformado completamente. Mi anhelo por tenerlo se había convertido en una desesperada necesidad por repetir esa danza de pocos velos. Esta tortura, sin embargo, no duró mucho porque yo me fui de Buenos Aires y casi por veinte o más años no volví al Teatro Colón. Pasada la dictadura y muchos otros espantos políticos argentinos, una noche volví a la tertulia con unos amigos. De pronto vi dos ojos glaucos fijados en mí, clavados, hurgándome a través de los velos del tiempo. Eran los ojos de un hombre gordo, pelado, que estaba solo en el entreacto. No le presté atención. Pero de pronto reconocí una chispa de su antiguo narcisismo, de su estampa de dios griego de otrora. Me di vuelta, aunque no era la Avenida Santa Fe, y lo miré. Debo haber puesto mucha piedad en mis ojos porque bajó sus ojos y se perdió entre el público. No les dije nada a mis amigos. Tenía como una tormenta en mi cabeza. Veía los estragos del tiempo y me preguntaba si él también había comprobado lo mismo frente a mí, su otro espejo. Pero yo sabía que el tiempo no me había dilapidado tanto. Mi madurez siempre me dio más fortuna que mi juventud. Me preguntaba si yo estaría dispuesto a ir a la cama otra vez con él. Me seducía más la venganza, el "ahora que tú quieres es que yo no quiero". Aunque estaba de visita en Buenos Aires, a los dos días decidí regresar solo al

Colón. No tenía oportunidad de verlo porque se trataba de un concierto y él era fanático de la ópera, pero dejaba en manos del azar que un encuentro ocurriera. Y no estaba, al menos no estaba en tertulia. Yo era como el astro que a pesar de la extensión de su órbita vuelve siempre al mismo lugar, pero él era un sol apagado, perdido en la galaxia del recuerdo, una imagen en mi universo. Eso es todo.

Durante la dictadura, en una noche como otra, salí hacia El Trébol para mi lectura y mi cortadito habituales. Para llegar a El Trébol tenía que caminar varias cuadras por Santa Fe. Nada nuevo bajo el sol, me dije. Hoy es completa rutina. Poca gente, un poco de frío, ni siquiera estaba de yiro. Después de un par de horas, inicié mi regreso. Siempre uno caminaba Santa Fe con la escondida certeza de que, aunque no se estuviera de levante, cualquier mirada podía cambiar esa situación de rutina. Y eso pasó esta noche. Ya pronto a doblar, en los últimos metros de Santa Fe que me quedaban por recorrer, apareció un tipo joven, de unos 28 años, con una pinta que me sacudió como un sismo. Era alto, con un cuerpo trabajado en gimnasio, hombros anchos, sin pancita, muslos fornidos, y vestía de traje y corbata. Pero no parecía ser un oficinista. Más bien parecía lo que reconocemos como un "ejecutivo" (joven para serlo) o lo que hoy denominaríamos un business man, un yuppi, pero—cosa curiosa—caminando. Me miró cuando nos cruzamos y luego se dio vuelta cuando me di vuelta. No había vidrieras para detenerse, así que llegué a la esquina y me detuve. Él había retomado su marcha en la dirección en la que iba, así que, pensé, un hétero tapado más. Su caminar, sin embargo, era dubitativo, como queriendo volver y a la vez escapar. Finalmente, cuando yo estaba ya a punto de retomar mi movimiento, él dio media vuelta y con paso decidido, como quien se da ánimos, se acercó y me preguntó si vivía cerca. "A dos cuadras", le respondí. Empezamos a caminar hacia mi departamento sin decirnos nada. Luego me preguntó el nombre. Se lo notaba nervioso. Al tenerlo cerca me di cuenta de que era un monumento nacional, el tipo del macho argentino, de piel aceitunada, de pelo renegrido, que respiraba como el toro de Echeverría. Llegamos, entramos. Yo tuve de pronto un presentimiento, al que no le di mayor importancia. Comenzó a hacerme preguntas más precisas. Miraba con detalle mi living y especialmente los libros que estaban desparramados por todas partes. Sus preguntas eran cada vez más específicas y entonces mi presentimiento se hizo casi certeza. Sí, estaba en peligro. Este tipo no hacía el menor amague de ir a la cama o de acostarse conmigo. Me ponía como una distancia de hielo entre él y yo. A cada segundo se me hacía más inaccesible. Le ofrecí un café y mientras lo preparaba en la cocina me di cuenta de que tenía que empezar con una estrategia para salir de esta situación cuanto antes.

Durante la dictadura tuve varias instancias en que olí el peligro. Tres veces en cana por "averiguación de antecedentes". En esos momentos, especialmente la primera vez cuando estuve a punto de desaparecer y la última cuando me encerraron con unos enormes patovicas en una habitación y se cortó la luz, tuve una especie de lucidez fría, como un momento en que diseño una estrategia de supervivencia. Lo mismo me pasó aquella noche en la cocina. Mientras le contestaba sus preguntas, me di cuenta de que tenía que empezar a decir algunas cosas que le mostraran que, en todo caso, yo no era una mera mariquita que andaba por la calle sobre la cual él iba a sentir esa autorización dada por nadie para cagarme a golpes o llevarme en cana, en el mejor de los casos. Así que empecé a desplegar algunos nombres de gente que yo conocía en la universidad. Le detallé mis actividades intelectuales de ese entonces y alguna otra referencia que me pareció necesaria para conmoverle el seguro estereotipo que traía en sus entrañas. El tipo era bastante culto. Hablamos de filosofía y hasta de psicoanálisis. Había leído a García Márquez, a Vargas Llosa y hasta a Felisberto Hernández. Se tomó el café. No avanzaba ni retrocedía. No se sabía qué quería. El tiempo pasaba y me importaba terminar con esto de una vez. Si me dejaba ganar por la angustia y por el deseo que tenía de encamarme con semejante "monumento" (porque me sentía dividido entre esas dos pasiones), estaba perdido. En un momento me di cuenta de que había que dar un salto definitivo sobre la bestia. Y lo hice. A veces soy supermacho. Me acerqué y le toqué la pierna. El tomó aire, llenó sus pulmones y sus músculos se pusieron tensos. Pensé que iba a empezar la fiesta del monstruo. Sin embargo, tomó mi mano, la retiró de su pierna y la puso con delicadeza sobre la mesa. Se puso de pie. Me miró a los ojos, pero muy adentro. Tenía los ojos brillosos, como si contuviera el llanto o la furia. No podía definirlo. En ese segundo que duró una eternidad, él pronunció una sentencia, una sola: "Mejor me voy. Eres un tipo excepcional. No quiero hacerte daño". Y se fue.

Todavía no se acostumbraba a cerrar con llaves las puertas de entrada a los edificios. Aunque había en las calles más peligro que en los tiempos que se verían después, todavía se usaban los porteros eléctricos. De modo que no tuve necesidad de bajar para abrirle la puerta de calle, como hacen hoy. Así que cuando salió de mi departamento, cerré la puerta. Era mi turno de llenar de aire los pulmones. Había zafado.

Comprendí el secreto fatal de la belleza, especialmente de la belleza masculina, ese misterio fascista. Debajo de esa perfección física anidaba una bestia capaz de todo. Me reproché durante horas lo que había ocurrido. Cómo se me ocurriría que un tipo así buscara sexo, cómo no me había dado cuenta de que ese cuerpo no era producto de gimnasio (muy escasos en aquellos años), cómo no... Pero también, una vocecita muy interior me decía que había aprendido algo: que el fascismo es complejo, que el fascismo se conecta con el fascismo más escondido en uno mismo, que el peligro mayor estaba dentro de mí.

Del deseo, del horror y del mundo

Lo homo. Lo que hace conflicto con las leyes de la sociedad. Muchos dicen que hace conflicto con la naturaleza. Lo homo, se dice, es contra-natura. Pero no es verdad. Si fuera verdad, el ano, por ejemplo, reventaría al mero momento de la penetración. Si fuera verdad, muchas mujeres no ofrecerían su ano para delicia de sus hombres. Lo contra-natura ocurre cuando un miembro hace violencia en el otro, por ejemplo, si alguien intentara la penetración por vía auditiva. Pero el ano es flexible, amplio, con capacidad de alojar y retener, con formas sutiles de brindar y de obtener placer. Nada contra-natura aquí. Si un pene desangra un ano, no hay que culpar al ano, ni al pene, hay que culpar a la sociedad que llena de tantos miedos a la gente que finalmente hace del ano una zona rígida, dura, cerrada. Lo homo sólo hace conflicto con la sociedad que quiere reproducirse, que quiere reproducir individuos, no placeres. Y lo homo está generalizado. Todos tienen un secreto deseo por lo homo. Lo admitan o no. Y cuanto más homofóbicos, más deseo tienen. Lo homo masculino tiene como dos variantes, una que podríamos llamar "empírica" y la otra "sublimada". La empírica, más metonímica, se da con esos hombres que necesitan penetrar a otros hombres, y que no les importa si los penetrados son femeninos o masculinos. Esta variante empírica, fetichista, es la que sucede cuando el penetrador necesita vivir su dimensión homo con otro hombre, sin importarle la performatividad del género que el otro haga, pero con la condición de que tenga allí, donde se supondría la falta en la mujer, una verga, no importa de qué tamaño. Los empíricos quieren que donde debería estar la falta, estuviera el pene, el pene del otro, en el otro. No les interesa el otro como totalidad, sino como parte: el pene como condición necesaria.

La sublimada, en cambio, mucho más metafórica, ocurre cuando el penetrador requiere que su partenaire sea masculino, que no haga ninguna alusión a lo femenino, ni en sus gestos ni en sus reclamos más íntimos. Más que el pene del otro, le interesa la performatividad masculina del otro. En general, para los que andan en estas sublimaciones, no importa mucho la penetración y, si ocurre, da un plus de goce que tiene que ver con la competitividad masculina; es un plus de goce guerrero, es decir, no el placer de la penetración en sí, con las dulzuras que pueda brindar la estrechez entrenada de un ano, sino el mero "romperle el culo al otro". La sublimada vive lo homo como una victoria de un tipo sobre otro tipo, como una celebración. Es también la variante de la visualidad, en el sentido de que uno de sus placeres, la masturbación conjunta, supone como clímax el ver salir la leche propia y ajena. En cambio, la empírica opera por cesión, por ocupación, por metáforas de inundación e inoculación. Es la variante de la huella, de la posesión, de la actitud del que quiere dejar algo, como quien siembra, en el otro, o como un estigma, su marca, en ese intercambio invisible donde el semen pasa de la interioridad oscura de un cuerpo a la interioridad oscura del otro, sin ver la luz. Es, por tanto, una variante más cercana al secreto. Por supuesto, hay multitud de variantes y combinaciones, suplementos y agregados. Pero en lo básico, lo homo masculino no es un deseo unívoco, no tiene un objeto único.

El deseo de la mariquita también se orienta según esta doble variante: la mariquita empírica quiere verga, no le importa mucho si el chongo es medio mano quebrada o todo un recio; para ella, lo importante es el tamaño de la pija y la calidad de la culeada. Lo importante es que el acompañante tenga lo suyo. Para la marica sublimada, en cambio, la verga no tiene demasiada importancia. Lo que le interesa es el carácter performativo de su machucante; el susodicho debe responder a los códigos más estereotipados de la masculinidad, debe ser recio, macho, dominante, y si es posible, debe hacerla sentirse mujer, es decir, cumplir su deseo de performatividad más secreto. Y esto no necesariamente por vía de la penetración, sino por un exquisito juego de posiciones. Así, en cierto modo, la mariquita sublimada transforma lo homo en hétero por medio de la performatividad. Muchas combinaciones pueden también darse aquí. Hay mariquitas que oscilan entre una variante y otra, otras que exigen una cierta secuencia (una variante primero y luego la otra), otras que son más o menos exclusivas (o una variante o la otra). Y como las mariquitas son súper imaginativas, van a encontrar, sin duda, muchas más posibilidades.

Dios no tiene derecho a hacer lo que hace. Creo que ha llegado el momento de decirle a este señor (porque es un tipo, sin duda, nada de hermafroditas aquí), que nuestra paciencia tiene un límite. El cuentito de la necesidad de purgar nuestras culpas y de sacrificarnos ya no da para más. Hay que renovarse, señor dios, si usted quiere realmente seguir teniendo algún tipo de presencia en este mundo infame que Ud. ha creado tan a la ligera. Da asco ver lo que está pasando en el mundo. Cada día más ricos hijos de puta y cada vez más pobres totalmente bestializados. No me diga que todos estos pobres son culpables de algo y que los ricos no tienen nada de culpa con lo que pasa. No me diga que los ricos van a ir al infierno y que el paraíso será para los pobres una vez que los ricos los hayan masacrado a gusto y placer. Basta, viejo, tomátelas de aquí y dejá que estos pobres diablos hagan la justicia a su manera y finalmente creen un mundo mejor, donde todo esté mejor repartido. O un mundo mejor para ellos. La televisión parece engolosinarse al mostrar cómo la gente pobre, que ya no tiene nada de nada, encima tiene que soportar huracanes, sequías, temporales, inundaciones y una caterva de enfermedades. ¿Hasta cuándo, papito? La gente ya casi ni te da bola, es cierto. Prefieren andar jodiendo de santo en santo para ver si alguno les hace un favor. Como pasaba con los dioses del Olimpo, que eran tantos, uno tiene la posibilidad de cambiar de santo a medida de lo que necesite (y no digo "de lo que desee", porque quién sabe qué desean estos pobres diablos). ¿Has visto, diosito, las caritas de esos gamines que no tienen para comer, para dormir, para leer, para soñar? ¿Has visto a esos niños prostituirse, drogarse, flagelarse por un poco de comida y de placer? ¿O no tienen derecho al placer? Y encima les mandás a todo ese malón de periodistas para que los escrachen en la pantalla y encima organicen (desvergonzadamente) congresos y foros para prevenir "los males que afectan a nuestra juventud". ¿Cuál es tu culpa, diosito, en todo esto? Me indigna verte muy orondo festejando cómo los gays van a misa, organizan casamientos a tu manera, se preocupan por adoptar bebitos y hasta por ser buenos patriotas de la opresión mundial cuando se enrolan en las fuerzas armadas. ¡Lindo mundo de putos! ¡Gran puterío mundial, lleno de heterosexuales o gente que se le parece! ¡Gran discusión académica sobre el género y la identidad sexual! ¡Minga, como si los pobres del mundo pudieran olfatear al menos el manjar de una miserable alternativa...genérica! Esos niños que deambulan por las ciudades, que duermen en cualquier calle, bajo cualquier puente o en cualquier cloaca, que revuelven basura buscando un pan, ¿creés que tienen alguna alternativa en usar su pingo o su culo o su concha por un pedazo de pan? Compulsados como están a ser supermachos o superhembras, o superputas o superputos o superdrogadictos o lo que fuere por la misma sociedad que organiza los foros en defensa de los derechos de los niños y de los adolescentes, ¿realmente creés, diosito, que no se te fue la mano? Yo te anuncio, te profetizo, que habrá un segundo asesinato del padre de la horda, y esta vez serán las mujeres, las putas y los putos y los emputecidos los que conspirarán, las que organizarán el crimen, los que se sentarán al banquete ritual a devorar hasta tu último pedazo, para que no quede ningún residuo, ni siquiera tu mismo espectro, para que no retornes. Y no habrá culpa esta vez. Cagarán lo que comieron y a otra cosa. Aprendé de Viracocha, que se espantó de su obra y se fue a la mierda.

La confianza, hoy, no mata al hombre sino a la mujer. El 60% de los hombres que se acuestan conmigo son bisexuales, y el 60% de ese 60% estarían dispuestos a tener sexo crudo, si yo se los pidiera. A veces lo proponen o lo insinúan. "¿Querés que me saque el condón y te eche toda la lechita adentro?" es la pregunta más urgente donde hoy eros y tánatos intersecan como nunca antes. Especialmente para los latinos y los negros, el placer no reside sólo en la penetración, en la sumisión del partenaire, en su mujerización, sino también en la ocupación material de su cuerpo. Nada más fascinante para estos tipos que convertir a un hombre—por más puto, pato o joto que sea, es siempre un hombre, tiene allí una verga que aporta su plus—en su mujer, placer suplementario que la mujer no logra proveer. Nada más fascinante que dejar salir la leche fuera de todo mal pensamiento, de ideas amenazantes, de esa voz del Otro que recuerda la posibilidad del embarazo, de la paternidad, del peso de la ley y, por supuesto, del SIDA. Nada más liberante que poder coger cualquier día, a cualquier hora, fuera de fertilidades y menstruaciones. La eyaculación de un bi en el culito de un hombre aporta siempre un plus de placer comparado con el mismo acto realizado en la vagina, puerta siempre abierta a los imperativos de lo simbólico.

Claro que, desde el punto de vista de la mujer, el joto no puede nunca aspirar a la ilusión de eternización que a veces los machos pueden tener y que solamente procura la reproducción. Hay aquí una cuestión de excepción y de cantidad. La argumentación de las mujeres, de todos modos, no va muy lejos. ¿Cuántos embarazos son programados? Frente a un polvo echado para producir un niño, hay miles de polvos echados para producir placer. La regla es el placer y no la reproducción. Y por eso hay tantos bi. Vuelvo al punto: la confianza mata a la mujer. Estos machitos bi, en un 60%, frente a la más mínima insinuación o debilidad del partenaire, están dispuestos a sacarse el condón y dejar su marca, su resto, su exclusivo producto, lo más propio que él pueda tener y producir, y echarlo sin miramientos en el cuerpo improductivo de una marica o de otro macho, lo mismo da. Tragar la leche por la boca o el culo no hace aquí diferencia. La satisfacción sexual de un bi que ha eyaculado dentro de otro hombre deviene así la máxima satisfacción. Un bi o un top que han cogido a otro tipo y han acabado dentro del condón no serán nunca comparables a la de un bi o top que han acabado "crudamente" dentro del otro. En este enclave, el SIDA hace de las suyas.

Los gay se protegen. Se esfuerzan por renunciar a ese plus de placer provisto por la cesión o la recepción seminal. El bi o el straight no logran renunciar a ello, porque lo que buscan no es tanto coger en tanto penetración, descargarse (cosa que pueden hacer con sus mujeres), sino que buscan la diferencia, el plus, el gasto absoluto, la liberación de las imposiciones de la ley. Gambetean a lo simbólico (político, social, religioso) cogiéndose a otro tipo y, de paso, recuperan un poquito del poder suplementario de someter a otro hombre, de mujerizarlo y de marcarlo con su sustancia personal. Es por esto que contraen el SIDA y lo trasmiten a las mujeres, a sus novias, amantes, concubinas o esposas (a veces tienen todo esto a la vez, amén del eventual patito que visitan regularmente, de vez en cuando). Las mujeres (novias, concubinas o esposas) se niegan a pensar que el tipo (novio, amante, concubino o esposo) no llega a casa o a la cita amorosa después del trabajo, como es su costumbre, no porque haya tenido una reunión de negocios de última hora, sino porque viene de cogerse a otro tipo. (A costa de repetirme, insisto en dejar constancia de que casi todos los bi que me visitan vienen siempre durante o después del trabajo, salen antes o se toman un break y se echan un polvo, para llegar luego a horario a sus casas completamente satisfechos y de buen humor. Las mujeres deberían dudar del buen humor de sus hombres. A veces hay otro hombre detrás del buen humor de un macho).

Para confesarlo de una vez, tengo que decir que nunca fui un defensor de la fidelidad. La fidelidad sexual no tiene ninguna ventaja y, para colmo, lleva al aburrimiento. Cuando apareció el SIDA me dije: "¡Pues bien, aquí le encontraron la quinta pata al gato! Ahora sí le inventaron una ventaja a la fidelidad sexual". Se promocionaba el condón para los supuestamente promiscuos, y se afirmaba, con esa seguridad con que se impone todo en la sociedad y a la manera de quien quiere matar dos pájaros de un tiro, que lo mejor era, sin duda, mantenerse en el celibato y, si eso no era posible, estar en pareja monogámica. Cuidadito, no obstante, con masturbarse. Pero a mí, aunque estos discursitos me dejaron un tiempo cavilando y aterrorizado, como a todo el mundo, sus efectos me duraron poco. Los dos amigos míos que se murieron de SIDA estaban en parejas monogámicas y dejaron a sus parejas en la incertidumbre, sea porque los contagiaron, sea porque los dejaron culpables de haberlos contagiado. En todo caso, la fidelidad no dio para salvarles la vida. Porque la fidelidad, sumada a la ideología burguesa de la pareja monogámica basada en la fidelidad sexual, copia rastrera de los mundos construidos por los héteros, parece que no impidió al deseo remontarse por las elevaciones de la supuesta promiscuidad. Entiéndase bien mi sorpresa. Yo que no podía tener pareja, cosa que se me achacaba como una falla congénita, un narcisismo insoportable y muchas otras causas, de pronto me encontraba frente al hecho de que mis mejores amigos, en pareja, se morían infectados. Nunca entendí por qué los homosexuales no admitíamos de una vez la floración del deseo, sus múltiples exploraciones, sus búsquedas. Uno puede estar en pareja, pero pareja por amor, por fidelidad amorosa, por el respeto al otro, pero eso no significa suscribir la fidelidad sexual. Deberíamos practicar la infidelidad sexual sistemáticamente, protegiéndonos, y dejarnos de encorsetarnos con discursos de los héteros, de los cristianos, de los fundamentalistas, de los conservadores, que predican una fidelidad sexual que, como se ve para los homos y los héteros, nadie puede sostener avant la lettre. En vez de practicar la hipocresía como sistema, deberíamos asumir la infidelidad estructural del deseo. Eso no lo podía pensar frente a mis queridos cadáveres, pero lo fui entendiendo poco a poco. Amar al amigo, vieja tradición que llega plenamente hasta nosotros. Fidelidad a la dama, encorsetamiento caballeresco y cristiano de aquella tradición prodigiosa. Siempre me pregunto si mis amigos pudieron realmente vivir su homosexualidad. Más me tengo para mis adentros que apenas si fueron actores mediocres de una comedia que no estaba escrita para ellos.

No sé si los hombres tenemos virginidad. Si la tenemos, pues entonces yo la perdí una noche de luna en el Jardín de los Poetas en San Juan. No, no estoy delirando una telenovela ni proponiendo el guión de un porno novedoso y nacional. Ocurrió así, naturalmente. Claro que no perdí la virginidad en el sentido de haber eyaculado por primera vez. Eso había ocurrido, más que por aventuras amatorias, por naturaleza, mucho antes de haber perdido la otra virginidad, si es que el ano de alguna manera admite estas categorizaciones. El ano no tiene género. Un ano masculino y un ano femenino no tienen diferencia, son ano y nada más. Los culos pueden ser diferentes, más redonditos o más chatos, más o menos peluditos, pero el ano en sí presenta pocas diferencias. A muchas mujeres, me contaron, les gusta que se las cojan por el culo porque evitan el embarazo. Algunos hombres prefieren el culo porque es menos lubricado que el coño y, según manifiestan, les hace sentir más placer, les hace sentir su verga. Yo no puedo opinar en estas cosas, no porque no me haya cogido un buen culo, sino porque no puedo comparar con las vaginas. Así de sencillo. Muchas mujeres se quejan de que sus maridos, después de hacerle un par de hijos, quieren también darles por atrás. Algunos hombres se quejan de que sus mujeres no les dan el culo y entonces salen a romper los culos de los muchachitos que encuentran por la calle.

Yo había llegado a una edad bastante avanzada sin tener relaciones sexuales. No podía, sencillamente, no podía. El entorno familiar, las represiones culturales, los miedos, las fantasías de sangrado y, en realidad, el hecho de que no sabía bien cómo era la cosa, me tenían completamente virgen. En la oficina donde trabajaba, llena de maricas, no lo podían creer. Decían que me hacía el interesante, que presumía como una muchachita de pueblo, que intentaba hacer pasar gato por liebre para seducir más certeramente a los chongos, siempre fascinados por ser los primeros en voltear un himen o romper un orto por primera vez. Ya se sabe, para ellos es como un trofeo. "Fui el primero", te mentan en la primera de cambio, "fui el primero y eso no lo vas a poder olvidar nunca". Y en parte tienen razón. No creo que nadie—desvirgador o desvirgado—pueda olvidar su primera vez, no tanto por el placer, sino por el ridículo. Desconfío de esas historias sexuales en las que el narrador parece hacer gala de una gran experiencia en su primera vez. Si sabía cómo hacerlo, es porque no era la primera vez.

    Yo tenía fantasías de dolor, me imaginaba lo difícil que sería tener todo ese pedazo adentro. A veces intentaba ponerme un dedito y dolía. Así que a las represiones culturales yo sumaba mis pequeños dolorcitos. Ni hablar de imaginar situaciones ridículas, como la de tirarse un pedo o cagarse todo en medio del evento. Cosas que ocurren, todas lo sabemos, pero yo tenía terror de que eso me pasara la primera vez. Sea como sea, la necesidad de una experiencia sexual, de romper finalmente el huevo cultural en el que me sentía atrapado, se me hacía día a día más urgente. Imposible en Buenos Aires. En el tren, los tipos me rozaban las piernas con las suyas. Yo sentía calorones, pero no sabía cómo seguir. Algunos caminaban a mi lado un par de metros agitando las llaves, a veces hasta en forma grotesca. Un compañero de oficina me aclaró esto: me desayunó con la noticia de que cuando los tipos sacan las llaves, eso significaba que tienen lugar para coger. Pero a mí me daba miedo irme con un tipo que no conocía. Yo venía de una niñez pueblerina, con mis primas atosigadas de fotonovelas y me imaginaba, como ellas, que la primera vez iba a estar enmarcada por el amor, por una historia de amor. Y así debo haber perdido muchas oportunidades, como seguramente les ocurrió a mis primas. Esos placeres renunciados terminan por producir un placer por renunciar y creo que yo andaba al final en esa sintomatología. La única solución que se me presentaba era hacer un viaje, salir del contexto cotidiano. Quise viajar a Europa, como todo latinoamericano-- especialmente pequeño-burgués—que se precia de tal, y me agarraron huelgas que terminaron cancelando esa posibilidad. Entonces decidí irme al sur.

    Al llegar a Bariloche, en pleno invierno, mientras esperaba un taxi, se me acercó un joven preguntándome si aceptaba compartir el taxi, mi taxi, con él. Acepté. Hoy lo recuerdo como un tipo muy fachero, joven y bien puesto, que era vendedor de joyas importadas y que además esquiaba. Pero en aquel momento no me provocó nada, salvo cierto rechazo, porque tenía mal aliento. Uno nunca sabe las vueltas que da la vida. Uno nunca adivina las ironías del destino. En fin, ocurrió que en el viaje del aeropuerto a la ciudad, me comentó que no tenía reservaciones hoteleras, que Bariloche estaba muy completo, y así fue como le dije que intentara alojarse en el hotel del Sindicato, donde yo iba a estar. Bajamos juntos en dicho hotel y no había habitaciones, pero el chico de la recepción sugirió que compartiéramos mi habitación, ya que contaba con dos camas. El joven se entusiasmó, pero yo no tanto. Me dio pena y acepté. Todo era muy normal, dos hombres jóvenes compartían una habitación de hotel, con la salvedad, el pequeño detalle, de que no se conocían. Me invitó a caminar, hacía frío, nieve por todas partes, y me invitó a tomar algo caliente. Era super amable. Retiraba la silla para que yo me sentara a la mesa, hacía sugerencias, ordenaba y hasta pagaba. Después de un par de días, esto empezó a ponerme nervioso. A la noche salíamos, íbamos al cine y a cenar. Hablábamos mucho, yo hacía muchos chistes y él los festejaba. Comencé a sospechar que este tipo estaba como fascinado conmigo. Pero no era my type, como aprendí a decir de los gringos en Los Ángeles. Y por eso yo no estaba dispuesto a perder mi virginidad con alguien que no respondiera a mis ideales de amor romántico. Una noche, después de acostarnos, se quedó leyendo. Yo intentaba dormir.

 Bariloche de invierno, para mi gusto tan tropical, era una pesadilla. Siempre odié el frío. Las excursiones que tomaba de día eran casi todas iguales: pinitos, laguitos, nieve por todas partes, montañitas, barro, un frío de la puta madre. Para aquí o para allá, todo era igual. En fin, no tengo sensibilidad para estos paisajes. No me mueven un pelo. Mientras yo hacía estos tours, el chico trabajaba. A la tarde nos reuníamos y salíamos. Pues bien, esa noche yo estaba rumiando irme cuanto antes hacia el norte, hacia San Juan o Catamarca. Había pagado el hotel por bastantes días, pero al quinto ya no aguantaba más. Sentado en su cama, el joven me miraba, me miraba fijo. Creo que se estaba tocando sus partes, creo que estaba supercaliente. Se levantó y vino a mi cama, quiso besarme, le dije que no.

Soave Libertate

Al día siguiente, cuando regresé de una de las excursiones, me comentó que había conocido a una mina americana y que esa noche iba a salir con ella. A mí me daba igual. Al día siguiente, cuando llegué de otro tour, estaban él y la mina en la habitación. Me puse mal, no por celos, porque no podía tener fantasías con este chico, sino porque me parecía un abuso de confianza (no sé si es la palabra correcta): él estaba en un hotel de mi gremio, en una habitación que yo le había facilitado y la usaba de bulo con una mina que encima, como si esto fuera poco, era sucia, fea y fumaba marihuana. La mina era muy desagradable. No tenía gracia ni para cagar, como diría mi abuela. Al rato se fueron. Me invitaron a cenar y me negué. Como a las 10 de la noche él volvió. Estaba alterado. Yo estaba metido en la cama leyendo. Me traía una caja de los famosos chocolates de Bariloche. Me dijo que se sentía mal, que lo acompañara a tomar algo y me negué. Se sentó en mi cama y me miraba fijamente, pero nunca, en ningún momento, como unos días antes, nunca dijo lo que le pasaba. Se fue.

Como a las tres horas regresó completamente borracho. Sentí que vomitaba en el baño. Se metió en la cama. Lo escuché llorar. Entonces me incorporé y—pecando de piedad—lo ayudé a llegar al baño en uno de sus accesos de arcadas y vómitos. Le preparé o pedí en el hotel un café caliente. Transpiraba. Comencé a atenderlo. Era como un bebé. Me miraba con ojos de cordero degollado. Comencé a acariciarle el pelo. Me seguía molestando su mal aliento, ahora peor con el alcohol. Se abrazó a mí como un niño y me dijo que me quería. Yo le dije que nunca había tenido sexo y que no estaba seguro que fuera buena idea hacerlo juntos. Nos quedamos abrazados en su cama varias horas hasta que nos dormimos. Al día siguiente se fue a trabajar y yo aproveché para dejar el hotel y tomarme un ómnibus para Mendoza.

Un par de años después lo vi en Buenos Aires, en un restaurante. Estaba con amigos y abrazaba a una muchacha. Yo estaba con mi familia. Para ese entonces yo ya sabía de qué se trataba el sexo y, como dije, con enorme ironía, me di cuenta de que este tipo era realmente buen mozo, con una espalda y unos brazos apetecibles, con unas piernas fuertes y bien formadas. Pero fundamentalmente, había sido el primer hombre que me había declarado su amor, que se había emborrachado por mí, que había intentado darme celos con una sucia americana y que seguramente se volvió a emborrachar la noche que regresó al hotel y le dijeron que yo había partido. Estoy seguro que de haber perdido yo la virginidad con él, no lo recordaría con tanto cariño. Y también sé que si la hubiera perdido con él, yo me lo hubiera reprochado toda la vida. Nos miramos en el restaurante. Nos reconocimos, en silencio, con ese silencio y esa distancia que siempre impone la sociedad para las pasiones inconfesables de las que hablan los boleros. Lo pude ver bien: me di cuenta de que era un macho suculento, que me hubiera hecho el amor como nadie, y amándome. Pero el destino está escrito y ama las ironías.

En efecto, viajé a Mendoza. Llegué muy tarde a la terminal de ómnibus. Nunca me gustó esa provincia, su gente tiene un aire de superioridad que nunca pude aguantar. Ni hablar de sus veredas enceradas y esas zanjas a los costados. Así que en un arranque de histeria, como salía un ómnibus para San Juan, me monté en él. Nunca había estado en San Juan. Llegué muy tarde, el tipo del taxi me recomendó un hotel. Dormí como un lirón. A la mañana salí. Hacía frío pero había sol, mucho sol. Los árboles tenían ramas peladas, que hablaban de la frondosidad del verano. Me fui a Jáchal, porque ese nombre siempre había atraído mi atención en mi niñez cada vez que mi abuela compraba el aceite de esa marca; no sé por qué, Jáchal, la palabra Jáchal, daba la sensación de un valle, muy verde, fresco. Llegué a ese lugar y me di cuenta de que en realidad prefería quedarme con el significante de su nombre. No había nada más que pobreza. Como el ómnibus de regreso a San Juan no iba a salir hasta la tarde, caminé, visité la capillita y me acordé de que un amigo mío decía que lo mejor en esos pueblos del interior eran los cementerios. Así que caminé un buen trecho hasta dar con él. No había nada realmente interesante. De pronto, entre las tumbas, apareció un muchachón grandote, con cara de pavo, que me miraba. Empezó a caminar en dirección a donde estaba yo. Me dio miedo. Miré alrededor y no había nadie. Me imaginé violado por este tipo tan desagradable y empecé a caminar más rápido hacia la salida. ¡Dios mío, perder la virginidad en un cementerio en manos y pija de un tonto de pueblo! El tipo también aceleró. Yo empecé a correr y el tipo también. No, no se trataba de fantasías. Este tipo quería coger y yo era la presa viva que aparecía entre tantos muertos. Salí al camino y corrí todo lo que puede. Jáchal, Jáchal, recordaba la etiqueta del famoso aceite. Al final llegué a la civilización (o lo que oficiaba de tal), me metí, creo, en un bar de la terminal y no salí sino para meterme en el ómnibus. Mi virginidad seguía resguardada.

San Juan me gustaba. Tenía algo que me daba placer, su construcción casi nueva, después del famoso terremoto, su diseño, sus árboles añosos, el sol. Una tarde decidí obviar la siesta. Al salir lo vi. Mi príncipe azul, el hombre de mis sueños, bajaba la escalera de un edificio frente al hotel. Tenía el pelo enrulado que le caía como bucles ensortijados sobre su frente amplia. Unos ojos grises y un cuerpo completamente proporcionado y macizo. Su cara, su sonrisa, su picardía fue lo primero que percibí. Me miró, lo miré. No fue necesario nada más. Él empezó a caminar por la vereda de enfrente. No había nadie en la calle siestera, sólo él y yo. Mi corazón palpitaba. Mi cabeza repetía: "con éste, con éste o con nadie, estúpida". No dudé ni un momento: tenía que saltar por encima de mi miedo. Me prometí que esta vez iba a resultar, que iba a entregarle a este semidiós mi virginidad.

Caminábamos a la par, pero en veredas paralelas. Yo no sabía cómo se tomaba la iniciativa en estos casos. Él me miraba y me sonreía. Pero yo imaginaba que la iniciativa tenía que tomarla él y lo hizo. De pronto, en un cruce de calles, se cruzó en dirección a mí. Me di cuenta de que era su movida. También me di cuenta de que yo tenía que hacer rápido otra movida o todo estaba perdido. Y entonces le pregunté, con voz temblorosa que tuve que escarbar de entre los acogotamientos de mi miedo: "Perdoname, ¿dónde queda la casa presidencial?" El tipo largó una carcajada que rompió la hora. "En las provincias—me dijo en medio de su risa—no hay casas presidenciales, hay casas de gobernadores". Me largué a reír porque no hubo necesidad de decir nada más. El entendió mi miedo. Yo entendí que él iba a sacármelo a como diera lugar. Serían las dos o tres de la tarde y nos fuimos caminando por cuadras y cuadras, hablando como loros. Se llamaba Ernesto, era de una familia de ésas con doble apellido, estudiaba arquitectura y tenía una cultura, una inteligencia y una chispa prodigiosas. Yo no me quedaba atrás. Fascinación mutua. Fuimos a una cafetería y estuvimos allí hasta casi las ocho de la noche. Me dijo que en su casa lo obligaban a cenar con su familia a cierta hora. Que iría a cenar y que luego me buscaría en el hotel. Yo sabía que a mi virginidad ya le quedaban pocas horas.

Como a las once de la noche apareció en el hotel. Había traído el auto. Salimos a dar vueltas por la noche sanjuanina. Nunca, en toda la tarde, habíamos hablado de sexo o de homosexualidad. Ni una palabra. Era como un sobreentendido que no dejaba de angustiarme. Tenía miedo de estar envolviendo la realidad con mis fantasmas. Me preguntó si había estado en el Jardín de los Poetas y le confesé que no, que solamente en Jáchal y en el Valle de la Luna. El Jardín de los Poetas estaba en las afueras de la ciudad de San Juan. Es un jardín rodeado de bustos de poetas argentinos, bustos blancos que en esa noche de luna tenían un resplandor que hubiera atemorizado al mismo Don Juan. Yo estaba decidido a seguir hasta el final. Ya no imaginaba nada. En otro momento, con el corazón tranquilo, hubiera imaginado un robo, un asesinato, cualquier cosa, después de todo yo no sabía quién era este tipo y bien podía haber inventado todo lo que dijo.

Bajamos del auto. Caminamos entre los poetas muertos y nos acercamos a una corriente de agua que pasaba por el lugar. Tenía un frío que me filtraba los huesos y lo expresé en voz alta. Entonces Ernesto me abrazó, me hundió en su cuerpazo y me besó. Mi primer beso. Sentí por primera vez una lengua entrando en mi boca, no sabía qué tenía que hacer. Me molestaba. Yo debía seguramente estar muy rígido. Ernesto me acariciaba y me besaba con furor. Volvimos al auto. Seguimos besándonos y yo iba adquiriendo cierta precaria destreza. De pronto sacó su verga, que hoy puedo calificar de normal, aunque en ese momento me pareció enorme. Quería que se la chupara y creo que eso no formaba parte de mi cultura fotonovelesca. Siempre, después de los besos, en las fotonovelas o el cine, se pasa a la cama o la luz se desvanece y ya no se sabe bien lo que pasa. Imaginé entonces que seguramente en esos momentos en que la pantalla se ponía oscura, era el momento en que había que chupar la pija. Se la chupé con cierta mezcla de asco y estupor. Luego empezó a bajar mis pantalones y salivar mi culo. De pronto lo sentí, estaba ahí, dentro de mí. No puedo decir que gocé. Creo que estaba tan nervioso que no sentí nada. El se vino rápido. Me preguntaba si quería "acabar" y como yo era tan estúpido en estas materias, le decía que no, que no quería acabar, que quería que esto siguiera. Al rato me llevó al hotel y prometió que nos veríamos al día siguiente.

 Al estar solo en mi habitación, fui al baño. Me miré al espejo. Lo había logrado. Estaba feliz, sentía mi trofeo: haber perdido la virginidad con un tipo bellísimo que yo había elegido. Siempre he creído que esta suave libertad de aquel momento fue la que me hizo tener ideas diferentes sobre muchas cosas, diferentes a las de otras maricas, sometidas al sexo temprano por sus primos o sus vecinos, por hombres que no eligieron, por abusos, por brutalidades. Me senté en el inodoro y percibí un sangrado sutil, lo necesario para confirmar la existencia de la virginidad anal. Yo supe esa noche que a partir de entonces mi vida iba a ser completamente diferente, que había entrado en otra dimensión. Me acosté pensando en Ernesto, me sentía superenamorado, fantaseaba qué íbamos a hacer al otro día, me prometía ahora sí gozarlo, gozarlo a él sin trabas. Pero al día siguiente no apareció. Yo iba a la recepción del hotel a cada rato para ver si había llamado por teléfono y nada. No sé qué hice ese día, no lo recuerdo. A la noche, muy triste, me metí en la cama. Estaba leyendo cuando de pronto me llaman de la recepción para decirme que "un joven lo está buscando".

¡Es él, es él!, me decía en medio de mi alegría. Yo sabía que iba a venir. Pero también estaba enojado, de modo que le dije al tipo del hotel que lo hiciera pasar. Creo que en el fondo lo que verdaderamente quería era verlo desnudo, hacer el amor en la cama y no en la incomodidad de un auto en medio del frío y de la noche, y encima observado por la mirada marmórea de los poetas ilustres. Se abrió la puerta y vi a otro tipo. Era un muchacho bellísimo, joven, moreno, dulce, con ropa muy fina, justamente lo contrario de Ernesto, que era rubio, pícaro, agresivo y que ostentaba su rebeldía por medio de cierto desparpajo en el vestir. Me dijo que era amigo de Ernesto, que éste no iba a venir y que le había pedido a él que me llevara a dar unas vueltas. Se trataba, obviamente, de una cadena de suaves libertades que se tomaban estos muchachitos casaderos de las oligarquías provincianas con un putito porteño (seguramente así me deben haber designado) que estaba de paso y por ello mismo no amenazaba sus reputaciones locales. No puedo decir que me di cuenta realmente sobre qué estaba pasando, pero le dije que por favor se fuera. Me sentía prostituido, abusado, pasado de mano en mano. Hoy deploro, obviamente, no haber tenido la experiencia que tuve después, porque si los amigos de Ernesto eran todos tan hermosos, me hubiera quedado en esa provincia hasta que hubiera hecho el amor con todos, noche tras noche, con o sin poetas de por medio. Pero en ese momento de mi primer amor, yo me sentía estafado, usado, engañado en mi dignidad de virgen.

A la mañana siguiente me fui a la estación y saqué un boleto para el tren a Buenos Aires de la tarde. Albergaba la secreta esperanza—muy cinematográfica—de que Ernesto iba a aparecer y pedirme que no me fuera, que me quedara con él, que me amaba. Pero nada, no vino. Sentí el silbato que anunciaba la salida del tren. Estaba sentado en primera, superpullman (creo que así se llamaba en aquellos tiempos), al lado de un japonés o un chino. El tipo leía ideogramas tan indescifrables para mí como la naturaleza del amor. Yo lloraba, lloraba sin escrúpulos, sin vergüenza, a moco tendido. El asiático me miraba. De pronto, en su medio castellano me preguntó:

"¿Deja un gran amor aquí, verdad?" En medio de mi desesperación, sólo atiné a contestar afirmando con un movimiento de cabeza. Lloraba más que Libertad Lamarque. Ni hablar podía. Al llegar a Buenos Aires escribí una, dos, tal vez tres cartas a Ernesto. Y él contestó una, muy amable, sin pasión, diciéndome que estaba estudiando, que lo habíamos pasado muy bien y que me mandaba muchos saludos. Ironías del destino. Yo había perdido la virginidad con un tipo al que nunca más iba a ver y que nunca me había amado. Irónicamente, me había rehusado a perderla con un tipo que me había amado y al que vería otra vez. C'est la vie.

Hoy, lo que más lamento de esto, es no haber salido aquella noche con ese morocho de pelo negrísimo y engominado, como galán de los años 40. Estoy seguro que debería coger como los dioses, que esa noche hubiera realmente gozado lo que había que gozar. ¡Si en vez de perder la virginidad uno perdiera primero la estupidez de la falsa dignidad, la ilusión embustera del amor, o al menos la boludés de la fidelidad! En ese caso, ¡otro gallo cantaría en el mundo!

T odo escritor que se precie de tal—me parece—tiene que apuntar a lo imposible. Tratar de hacer puentes con palabras (para algunos, incluso, alambradas) hacia eso que siempre se escapa de una experiencia, de un momento; es justamente esa tensión entre lo dicho y lo decible la que hace a la buena literatura. Cada vez que leo me gusta preguntarme qué imposible es el que el escritor ha tenido en la mira. Y si no lo percibo, no me parece buena literatura. Cada imposible es un algo real, que cambia constantemente, por eso me parece nefasto que algunos digan que el amor de Romeo y Julieta es justamente algo eterno, universal, y hasta esencial, el Amor con mayúsculas, el arquetipo de la historia de amor y todas esas pendejadas. O que la reescritura de la historia de Romeo y Julieta muestra el carácter permanente de los sentimientos humanos y otras estupideces por el estilo. No, nada de eso. Lo imposible, lo real, lo imposible de lo real o lo real de lo imposible, es justamente el hecho de que eso cambia.

Históricamente. No hay manera de reescribir la experiencia de lo imposible tal como Shakespeare lo vislumbró para su Julieta y su Romeo. Si yo fuera un escritor intentaría justamente escarbar en la maraña de lo que pasa, aquello que justamente no tiene—todavía—palabras. Es el placer que siento cuando leo, por ejemplo, a Puig. Ese desesperado intento de ponerle palabras al placer (y hasta al goce) de sus personajes femeninos, de sus gronchos. He aquí algo que está en la literatura pueblerina, en la de las provincias, en los relatos tucumanísimos de Juan José Hernández: el groncho, esa figura tan maravillosa de nuestro paisaje cultural, que cuando se trata de un chongo, logra potenciarse al punto de que abre un espectro de imposibles que van desde la euforia que provoca su cuerpo hasta las delicias que promueve su habla.

La cultura argentina (y poca literatura, dicho sea de paso) ha generado esta figura del groncho, que seguramente tiene equivalentes en otros países latinoamericanos. Yo quisiera poder definirlo, ponerle palabras a la experiencia con un chongo groncho o groncho-chongo. Ninguna de mis aventuras con chongos de cierto nivel cultural, digamos, secundario o universitario, han tenido la fuerza o han provocado mi fascinación y mi calentura como cuando estuve con gronchos-chongos.

Recuerdo el famoso programa de televisión, creo que se llamaba *Matrimonios y algo más*, donde la pituca intentaba, a su manera, trasmitir los goces femeninos que un groncho puede provocar. Hay algo en el groncho que atraviesa todos los espesores culturales que, como un hojaldre, construyen la figura de una pituca educada o de un homo universitario. El groncho se la da de macho y, a la vez, juguetea como un niño. Es capaz de decir en términos elementales—y a veces balbucear en una especie de no decir diciendo—los más complejos laberintos de las emociones. Se presenta como un animalito instintivo, que olfatea la realidad, que la descubre a cada momento, que la posee como sin intermediación de nadie ni de nada, como si no tuviera represión. Allí donde yo o la pituca hacemos rodeos para significar, o levantamos montañas de palabras para decir lo que sentimos, el groncho va directo al meollo de la cuestión.

Recuerdo muchas escenas de gronchos-chongos a mi lado, en la cama, después de una cogida fenomenal, poniéndole palabras al deseo. Relajadito, bien atendido, se acurruca como un bebé y habla, maravillosamente, como nadie, como yo quisiera hablar lo imposible. El groncho es esa figura fraguada por las veleidades de los intelectuales que, cuando quieren hacerse los vivos, dicen: "No hay como coger con la clase obrera". Éste es un fantasma cultural persistente. El trabajador, especialmente el del mercado, el que levanta cajones pesados, con su musculatura brillante de sudor, el del puerto, con la fantasía que despierta estar sobre las orillas, el mecánico, con su mameluco engrasado y oloroso, en fin, todo lo que provoca la ilusión de un cuerpo energizado y energizante, que descargaría animalmente sus instintos, como quien quiere humanizarse por un salto, o mejor, mediante la penetración de un cuerpo intelectual, universitario. Esta fusión de clases y de estilos, necesitaría de una literatura nueva, vertiginosa, como la que intentó Manuel Puig.

Lo que hace maravillosa su novela *El beso de la mujer araña* son las formas en que Puig se las arregla para ponerle palabras a lo imposible. Puig juega con algunos matices culturales. El intelectual es aquí el penetrador material, al que Molina quiere retornar al estado de chongo, y la marica es, sorprendentemente, la groncha que habla, como hablan los gronchos—con la piel y con una sensibilidad aparentemente liberada—pero que quiere ser penetrada. En general, el groncho penetra, es una fuerza impetuosa con la que quiere compensar su marginalidad demostrándole al intelectual, al que él imagina poderoso, su poca sustancia corporal, su perversión libresca y hasta su mariconería intelectual. Esto viene desde *El matadero*. Nada nuevo aquí. Pero Molina es fascinante porque quiere ser penetrado por la alta cultura, someter las veleidades impotentes de la alta cultura; Molina no es como el unitario de Echeverría, que va a exhibirse al matadero, dudosamente inconsciente de cuánto le gustaría finalmente ser penetrado por la barbarie o la revolución, por el discurso dogmático que le viene desde ese cuerpo encorsetado del fanático o del militante. Molina, como un perverso, no deja nada librado al azar. A diferencia del unitario de Echeverría, Molina (y Puig), organiza una escena y una escenografía adecuadas a los objetivos de su deseo. Molina, en todo caso, va adrede al matadero a buscar que los federales lo estaqueen. Pero Molina, para lograr eso, penetra primero, sutilmente. Molina entonces penetra a Valentín con su capacidad gronchística de contar historias que toma del cine, del cine de cuarta, para recuperar al groncho-chongo perdido, extraviado, reprimido, en el cuerpo del militante. No es la película lo que importa (y por eso la película que hicieron sobre esta novela falla totalmente), sino la forma en que Molina la cuenta, gronchísticamente. Y por supuesto Valentín reacciona como groncho-chongo cagándose encima, demandando los servicios de madre y enfermera, como un bebé. Puig sabe de lo que habla. Imagen fabulosa de una sociedad que se desespera por unir los pedazos desparramados en la culminación orgásmica de un cuerpo imposible, desgarrado. Valentín está tan trasvestido por los discursos revolucionarios como Molina por sus películas adocenadas. Puig reduce todo a una estética groncha (no kitsch), a un gronchismo instintivo y elemental y a un chonguismo y una mariconería fascinantes. Valentín muere como groncho y Molina da su salto al abismo intentando ser la heroína del groncho-chongo encarcelado, muriendo, como mueren los gronchos, por ideales, por discursos, que no son los suyos. Por eso lo matan los compañeros de Valentín.

El groncho tiene mucho que ver con el chongo, aunque no son lo mismo. Es paradojal, pero nunca he visto una película que tratara la figura del chongo. Una loca amiga decía que a los chongos se los reconocía porque cuando una los invitaba a tomar algo, pedían siempre, sin excepción, un licuado de banana con leche y un tostado mixto. Sería encantador un análisis a la Žižek de este detalle.

Y con los feos, ¿qué? Nunca voy a dejar de pensar en algunas aventuras con los feos. Fueron episodios sumamente agradables, gozosos, exuberantes. Es una pena que las maricas no registremos nuestros placeres con los feos. Cuando digo "feo" me refiero a los feos, a los que tienen caras feas, cuerpos feos, entendiendo por "lindo" justamente lo que nos consagra la escultura clásica, los machos magníficos, gimnásticos, promovidos por el fascismo, sea el nazi o el vendido por Hollywood. Los carilindos, los musculosos, los bien-proporcionados y hasta los debiluchos, desprotegidos, los bohemios, esos machos-bebés que despiertan los sentimientos maternales de las mujeres y las maricas, todos ellos tienen siempre un puesto en la memoria, un lugar en las biografías y en las bibliografías. Sean chinos, árabes, negros magníficos o los rubitos ojiazules de cuerpos desfavorecidos, no parece haber registro de los feos. Y no me estoy orientando hacia ninguna perspectiva perversa. Hay, claro está, todos los sabemos, quienes se gozan con los inválidos, los amputados, los enfermos. "Gracias a dios que existe la perversión", decía una amiga psicoanalista, si no, qué sería de la sexualidad de los anormales, es decir, de los que no responden a las normas de belleza manejadas por el poder y naturalizadas por el sentimiento familiar de las multitudes.

Yo quiero hoy, feos del mundo, homenajearlos con esta memoria. Tres o cuatro aventuras hay en mi vida con feos que no puedo olvidar, que regresan siempre, que me enseñaron cosas, que me abrieron las puertas de mi sensibilidad y mi inteligencia. A ellos, todo mi respeto.

Quiero contarles mis aventuras con un gordo, pero muy muy gordo, con un campesino feo, pero muy feo de cara, con un bizco y con un sordomudo.

En una época, cuando todavía no había (o al menos yo no estaba enterado) chatrooms gays, yo publicaba un avisito personal en una revista gay de Estados Unidos. Cada tanto alguien llamaba y si la conversación se tornaba un tanto interesante, entonces arreglaba una cita, siempre en mi departamento. La llamada telefónica daba acceso a la textura, al grano de la voz y, además, constituía un intercambio que a veces se tornaba desagradable y otras hasta cómico. No siempre prosperaba. A veces, bastaba dar un dato que no encajaba en la demanda del otro, y pum, colgaba. Otras veces, al revés. Recuerdo una vez que, después de intercambiar los datos básicos de altura, peso, color de piel y tamaño del pene, la conversación se tornó bastante interesante hasta que de pronto el tipo me preguntó si tenía los pies sucios. Yo no entendí, creía que había entendido mal el inglés. Pero no, el tipo confirmó su pregunta y encima me dijo que si hacíamos una cita yo tenía que tratar de no lavarme los pies por un par de días y si era posible, tenerlos bien transpirados, porque le encantaba chuparlos en esa condición. Me dio asco y colgué.

La cuestión es que un día yo andaba muy caliente. En estas ciudades postmodernas donde la gente no camina por la calle, donde no hay avenidas santafés, donde no hay historia de amor que pueda comenzar por la mirada, el guiño, la paradita preguntando la hora y todos esos protocolos de las urbes modernas, en fin, cuando nada de esto ocurre, hay que afrontar la voz y los datos que el otro brinda, mediados por una revista o por un sitio internético. En esta época de ciudades llenas de freeways y autopistas virtuales, hay que recurrir a una tarea que es realmente increíble: tabular el deseo, codificar el cuerpo, diseñar adecuadamente la demanda. Me llevó mucho tiempo (y eso que yo venía con años de diván encima), estructurar un aviso que me diera más satisfacciones que fracasos. En efecto, cuando el aviso no está bien armado, uno tiene sorpresas desagradables. Hay que meditar largamente en cómo poner, por medio de abreviaturas exóticas, qué quiere uno, cómo es uno y qué carajo es lo que busca en el mercado erótico, porque, en definitiva, de eso se trata. La gente—contra lo que podría imaginarse, al menos aquí en USA—no miente, y eso hay que subrayarlo. Pero a veces se equivoca: sea que tenga una imagen de sí que no responde a la realidad, sea que no tenga imagen de sí, o que no sepa codificarla; también ocurre que no sabe bien lo que quiere, o no particulariza su demanda, o describe mal lo que busca. Este proceso es algo que se va perfeccionando por medio de experiencias, a veces olvidables, otras que uno quisiera olvidar. Aunque, hay que decirlo, otras maravillosas.

En cuanto a mi gordito, resulta que ese día yo estaba caliente y sonó el teléfono. Cuando estoy caliente, todo vale. Discriminación a cero. Me dijo que era blanco, alto, que le gustaba besar y que era muy sensual. Olvidé preguntarle el peso. Le di mi dirección y a la hora estaba tocando a mi puerta. Cuando abrí, vi un gordo descomunal, de una piel muy bella y con cara de niño. Supongo que se dio cuenta de que me sorprendí, de que estaba un poco descolocado. Lo hice pasar. En general, aprendí con estas sorpresas, que en estos casos es mejor que se sienten y nos pongamos a conversar un poco. Si a los veinte minutos uno siente que la adrenalina no circula, se sigue conversando hasta que el tipo se da cuenta de que no hay onda, o bien se le pide disculpas y se le dice que él no es mi tipo. Con el chatroom eso no pasa, o no pasa tanto, porque uno puede intercambiar fotos, pero algunos ponen fotos que los favorecen más de la cuenta y otros, muchas veces, resultan más atractivos personalmente. El gordito empezó a hablar. Yo miraba su enorme panza y sus rollos. Tenía manos delicadas y unos ojos grises muy brillantes. Y como estaba caliente, me dije, veamos qué pasa en la cama. Era un espectáculo ver a este tipo tan enorme, tan alto y tan gordo y tan blanco, tirado en mi cama. Era como una enorme ballena. Pero no había mentido en cuanto a la sensualidad. Comenzó a besar todo mi cuerpo, sus gorduras se filtraban por mis rinconcitos huesudos dándome un placer que jamás había experimentado porque, para decirlo pronto, nadie se había tomado el trabajo de rozar su piel por dichas zonas. Tenía un pene muy pequeño que se perdía, casi desaparecía en medio de tanta exuberancia de piel y grasa. Tenía la piel perfumada, las manos expertas, los labios como tentáculos. A la media hora, sin penetración e incluso sin masturbación, yo me vine en un orgasmo que hasta el día de hoy recuerdo con cariño. Desde ese día, los gordos comenzaron a tener un lugarcito en mi demanda.

La otra historia es muy anterior a la del gordo y ocurrió en mi país. Un mañana, como muchas otras, me fui caminando al mercado de la ciudad, que estaba muy cerca de mi departamento. Era primavera, y en Tucumán la primavera hace honor al nombre de la provincia, como Jardín de la República. Los lapachos estaban en flor y los tarcos empezaban a azulear sus primeros racimos de flores. El mercado fue siempre un lugar de enorme sensualidad para mí. El solo hecho de ver las carnes expuestas, con sus colores rojizos y su frescura, o ver la fruta acomodada o desbordante de los cajones, de escuchar el jolgorio de los puesteros, el chismosear de las vecinas que van a hacer sus compras compitiendo con el zumbido de las moscas, todo esto sumado al perfume de especias luchando a muerte con los olores a podrido que quieren emerger y señorear, es un espectáculo que nunca puedo evitar. Incluso cuando viajo a países desconocidos, puedo perderme un museo, pero no un mercado o una feria callejera. Los puesteros del mercado me conocían. Sobre todo los jóvenes morenos y musculosos, me decían chistes, piropos, agresiones de macho que quiere y no se anima. Nunca me ofendieron, o yo nunca me ofendía. Con el calor subtropical de la city norteña, yo iba con pantalones cortos y musculosa y, con mi culito siempre prominente, era como una campanilla que despertaba el deseo de los rudos. Los carniceros, especialmente, no podían dejar de hacer juegos lingüísticos o chistes cuando yo hacía mi pedido, sea de chorizos o morcillas. Y todos reíamos. Ni todo el arsenal de bibliografía sobre género sexual y discriminación me haría hoy cambiar de idea respecto de ellos. No era agresión, no era intolerancia, era la descarga chistosa del inconsciente, la fiesta lingüística del deseo. Me cogían con la mirada y nunca, debo confesarlo, nunca me llevé a ninguno a casa, ni lo intenté. Era como un pacto carnavalesco de intercambiar metáforas y metonimias, nada más.

 Un día, al salir del mercado, veo un par de ojos negros que me miraban con fuerza, casi diría con hambre o con dureza. Era un tipo de cuerpo fuerte, músculos bien macizos, muy moreno, sin afeitar y bastante mal vestido. Yo desvié rápidamente mi mirada hacia otra parte. Era feo. Muy, muy feo. No, me dije, ni loco, que ni se piense que va a conseguir algo de mí. Seguí caminando por las calles bulliciosas alrededor del mercado, lleno de bolivianas sentadas exponiendo choclos o especias. El tipo venía detrás. Me pasó, mirándome. Se adelantó y cuando llegué a la esquina allí estaba mirando. Era medio aindiado, se lo veía como muy serio o introspectivo. Me siguió hasta la puerta de casa. Allí me dijo algo, que no recuerdo. Decidí poner las cosas en claro. El tipo, de unos 35 a 40 años, me habló con una voz muy dulce. Otra vez la voz. Me empezó a decir cosas, entre su timidez o su rudeza.

Yo comencé a dudar. Como es sabido, yo tenía el sí flojo y el no debilitado. Me dijo si le podía dar un poco de agua. Yo sabía que si lo dejaba entrar, después del agua venía otra cosa, o cama o me robaba. Me arriesgué. Siempre he tenido que enfrentar el miedo casi compulsivamente, como quien salta al vacío. Siempre fui un manojo de miedos y siempre tuve que enfrentarlo vertiginosamente. Subimos a mi departamento, le di el agua. Me agarró la mano y, como la Mimí de *La Bohème*, sucumbí, aunque no era Rodolfo precisamente el chango ni tampoco mi mano estaba fría. Al rato estábamos en la cama.

El chongo era toda miel. Y tenía una verga que, por alguna razón que desconozco, me daba un placer que pocos tipos lograron darme. Tenía la facultad de tocar algunos puntos internos, o de moverla en cierto ritmo o sentido, no sé, la cuestión es que al rato me vine sin tocarme. El tipo luego se bañó y se fue, prometiendo volver. Quedé en un estado de gracia en la cama por lo menos por un par de horas. Sentía el olor de su cuerpo, el olor fuerte a macho de campo. El susodicho vivía en las afueras de la ciudad, trabajaba en la zona rural.

Me dije, "hoy estoy de suerte". Y rogué que este tipo se convirtiera en uno de mis "abonados". Siempre preferí los abonados a la pareja monogámica. Los abonados no piden nada a cambio, vienen cuando están cargaditos y se brindan completamente al placer, especialmente al mío. Terminan de hacer, vinieron a lo que vinieron, y cuando eso se hizo, se van, sin pedir nada a cambio. Lo peor que puede ocurrir es intentar pagarles o hacerse la dadivosa. Porque si eso ocurre, entonces se empiezan a establecer ciertas manías que pueden terminar en violencia. Nada. Viniste a eso y eso te llevas, chico. Los mejores abonados son los que son regulares, que vienen cada tantos días fijos. Con el tiempo, van hablando y contando sus historias. Todo lo relacionado con celos, con fidelidad, con proyectos de pareja queda totalmente fuera, y por eso la relación es completamente plácida. Mi hombrecito feo, mi campesino feo, comenzó a visitarme una vez por mes. Tuve con él el mejor sexo del mundo. Siempre me llamaba la atención su verga, que era grande pero no excesiva. Quería saber si era la forma o su modo de manejarla lo que me producía tanto placer. Nunca lo averigüé. Tal vez era su actitud masculina, segura, esa manera de despertar en mí toda esa feminidad que muy pocas veces me atreví a experimentar. Siempre fue como un límite que pocas veces crucé, siempre tuve como un terror de sentir esa otredad, esa otra dimensión, tal vez por la lectura (la mala lectura hecha) sobre ese personaje psicótico que, en su delirio, imaginaba que debería ser maravilloso ser una mujer en el momento del coito. Yo pensaba, seguramente sin pensarlo, que pasar ese límite, que ir más allá, que experimentar el coito como una Mujer, debía ser la puerta a la locura. Pamplinas de las que me fui lentamente despojando, aunque con mucha lentitud y sin encontrar tan frecuentemente alguien como este feo que me abriera la puerta.

En fin, una tarde, cuando habíamos terminado de coger y mi chongo estaba dándose un baño, llegó un amigo del ambiente. Le dije que estaba acompañado. Con la prudencia de estos amigos, quiso irse para dejarme el tiempo para el disfrute. Le dije que ya habíamos hecho todo lo que había que hacer. Preparamos un mate. Al rato salió mi muchacho, saludó con timidez de macho campesino y se fue. Mi amigo quedó sorprendido y espantado. Comenzó a recriminarme, diciéndome cómo yo era capaz de acostarme con alguien tan feo. Sí, me percaté nuevamente de que la cara del tipo era realmente fea. Me defendí diciéndole que tenía un cuerpo muy lindo. No entré en detalles sobre lo que pasaba con la verga. Mi amigo, como si fuera discípulo de Rodó, no podía entender que yo hubiera perdido, según él, el sentido estético. Es probable, lo veo ahora, que sus reclamos tuvieran una base de racismo más que de esteticismo. Creo que le molestaba que me estuviera acostando con un "negro", un "cabecita negra", y encima feo. No puedo decir que me convenció, pero cuando al mes regresó mi abonado, le dije por el portero eléctrico que estaba ocupado. Se fue y nunca más regresó.

Siempre guardé un rencor oscuro a mi amigo, mezclado con el cariño que le tenía. Nunca voy a perdonarle ni a perdonarme haber cedido a esos discursos racistas o esteticistas, en el fondo, a lo mejor casi la misma cosa. Perdí uno de los abonados que más me hacía gozar en la cama y seguramente a un tipo muy valioso. Desde ese momento, la fealdad fue eliminada de mi maquinita fascista, la que todos tenemos siempre bien guardadita, secretamente, adentro. Uno nunca termina de anular programas en el disco duro de su fascismo interior.

La influencia de mi amigo se hizo sentir nuevamente en mi historia con el bizco. Me pregunto ahora por qué yo hacía caso de estas cosas. A veces las maricas son la peor compañía. Una tarde, mientras caminaba por la ciudad de Tucumán, con sus calles llenas de gente y el ruido que geométricamente crece después de la siesta hasta la noche, estaba viendo unos libros en una galería. Entré en la librería a hojear un par de volúmenes. De pronto, sentí una mirada. Levanté la vista y efectivamente había del otro lado de la vidriera, un soldadito. Como tal, no tenía más de veinte años. Era bien fierito y, como inmediatamente me percaté, también era bizco. Sus labios eran sensuales a más no poder, carnosos y rojos, que resaltaban en su piel blanquísima. Esta vez no dudé. Tenía un cuerpo que, a pesar del uniforme abultado o gracias a él, despertaba más mi deseo. Salí inmediatamente y le hablé. Me dijo que iría a mi casa, pero que yo caminara delante, que él no quería que lo vieran conmigo. Como siempre, estas cosas hoy me pondrían en posición de hacer un sermón sobre la discriminación y la homofobia, pero frente a un pendejo tan fresco y con un cuerpo casi perfecto, este sermón no tendría más efectos que los que tienen los sermones de los curas. Puff…

Este pobre diablo, con su homofobia a cuestas, llevaba la dura tarea de cargarla sobre su misma veleidad de macho, muchas veces acosado seguramente por el deseo de otro hombre. En tal caso, yo discriminaba a quien tenía que discriminar y por muchos otros motivos: las fuerzas armadas y no este pobre diablo enrolado a la fuerza. Así que me ahorré los sermones y caminé rápido a mi departamento, imaginando la escena de sacarle el uniforme al soldadito. Nunca había tenido sexo con un soldado y mi imaginación volaba. Dicho y hecho. Lo empecé a calentar y a desvestir suave, lentamente. El chico tenía una calentura de días, de masturbaciones solitarias de meses y meses en los cuarteles. Su bragueta comenzó a crecer, algo acuciaba bajo el pantalón. Tenía una verga impresionante, preciosa. Creo que se vino antes de que yo posara mis labios en su glande. Me dije: "espero que ahora no quiera irse". Me moría de ganas de sentirlo dentro de mí. En esa época no había llegado el horror del SIDA, de modo que yo no quería que se fuera sin dejarme, en lo profundo de mi cuerpo, su maravillosa sustancia, ésa que era de él, que no podía ser de otro, ésa que no se puede fabricar en laboratorios o comprar en una farmacia.

Se recostó. Intenté conversar. Me di cuenta de lo difícil que es hablar con los bizcos. Uno no sabe a dónde mirar. Para colmo, este chico era bizco de un solo ojo, o al menos un ojo estaba más afectado que el otro. No me imaginaba cómo había pasado el chequeo médico. En otros tiempos en que no se necesitaba carne fresca, los milicos lo hubieran rechazado. La cuestión es que ahora este pibe estaba aquí, en mi cama y yo no sabía cómo mirarlo, dónde buscarlo, como entrar en su mirada. Una sensación de estar siempre fuera de foco, de su foco, fuera de lugar, recorría todo mi cuerpo. Me contó cosas de su familia, de su novia, a la que no iba a tocar hasta que se casara, de sus aventuras con algunas sirvientas, y algunas cogidas rápidas, fast sex, en los baños de la terminal de ómnibus. Se sentía cómodo en mi cama, creo que tomamos mate y después cogimos. Fue una cogida riquísima, su orgasmo fue una especie de explosión, de euforia. No recuerdo, tal vez nos echamos más de un polvo. La cuestión es que le dije lo que siempre le digo a un tipo que tiene posibilidades de convertirse en abonado: cuando quieras venir, ni lo dudes.

Y comenzó a venir con asiduidad, cada vez que le daban franco en la milicia. Hasta que un día mi amigo lo vio salir de mi departamento. Según él—y me lo reprochó varias veces—mi gusto por los tipos se estaba desquiciando. Es verdad, debo admitirlo, a mi amigo le gustaban los viejos, y cuanto más peludos y gordos, mejor. Por otra parte, él conocía otros amantes míos más visibles u oficiales que yo solía ostentar y que eran realmente maravillosos. Sabido es que Tucumán es una provincia con hombres hermosos, tal vez por la gran mezcla racial y étnica. La ya desgastada inmigración francesa, la potente comunidad sirio-libanesa, con esos morenos de ojos espectaculares y supercalientes, la base indígena y otras corrientes europeas, españoles e italianos, hacían que la oferta de hombres estupendos fuera bien alta. Casados, solteros, separados o lo que fuera, muchos de ellos, codiciados por las mujeres, pasaron por mi cama, y más de una vez. ¡A no asustarse, muchachos, que no voy a escracharlos aquí, en respeto a la decencia burguesa que deben haber inoculado en sus hijos! ¡Ni hablar de los placeres clandestinos de los bellos rugbistas! En fin, aunque hoy me doy cuenta de que el gran problema de mi amigo o de otras locas amigas de Tucumán no es la belleza sino la clase social, o incluso, en los más fascistoides, el color de la piel, la verdad de la historia es que dejé de ver a mi soldadito por consejo, mal consejo, de mi amigo, que dios tenga en su santa gloria. Desde aquel momento, los bizcos han pasado a formar parte de mis opciones eróticas.

Y finalmente queda la historia del sordomudo, tal vez la más increíble porque, a pesar de la incapacidad de comunicarse verbalmente, el chico había desarrollado una maravillosa forma de expresarse. Estaba yo de vacaciones con otro amigo mío que, a diferencia del discriminador, era siempre el que alentaba la versión pragmática: "si te gusta, dale nomás", era su lema. Resulta que una vez estábamos veraneando en San Bernardo. Habíamos alquilado un departamento cerca de la playa. Una noche nos sentamos a tomar café en una cafetería que tenía mesitas en la vereda. De pronto, entre tanta gente boludeando por la calle, caminando de ida y vuelta—típico itinerario de porteño fuera de Buenos Aires, que amén de leer el Clarín para saber cómo está el tiempo en la capital, está preocupado por si la vecina le habrá regado las plantas—de pronto, pues, pasa un auto y un pendejo hermoso me mira. Lo miro y como yo también soy un boludo fuera de Buenos Aires, directamente le sonrío y probablemente le debo haber guiñado un ojo, cosa que en la capital no hubiera hecho. Al rato pasa el auto otra vez. Y otra y otra. A los pocos minutos, el chico se apersona frente a la mesa, a cierta distancia. Mi amigo me alienta a que vaya y le hable, y así lo hago. Comienzo a decir algunas cosas, el chico contesta con la mirada, con los ojos. Con gestos, me hace entender que no habla ni escucha. Caminamos un poco y él sugiere que vayamos a mi departamento.

    Yo tengo que empezar a explorar cómo se dicen las cosas con las manos. Aunque las locas tenemos tanta expresividad gestual, no es lo mismo mariconear que comunicarse con un sordomudo. Me acerco a la mesa, y mi amigo, que tiene una espontaneidad a veces intimidante, lo primero que se le ocurre es: "¿Qué decís?" y lo invita inmediatamente a sentarse. El chico se sienta. No tiene más de 22 años. Mi amigo sigue hablando como una catarata. Hasta que puedo decirle claramente que el pendejo es sordomudo. Entonces mi amigo no sabe cómo reaccionar. Uno siempre boludamente imagina que todo el mundo habla y oye, facultades estas que, aunque físicamente realizadas, no siempre son garantía de decir y escuchar (para las cuales, se sabe, lo físico no es condición necesaria). Mientras se repone, yo pago la cuenta y los tres nos vamos al departamento, que contaba con una cocina, un living-comedor grande, baño y un dormitorio. Yo paso al dormitorio con el pendejo. Me preguntaba cómo sería hacer el amor con alguien que no puede decir las pelotudeces que habitualmente se dice en esos casos (esas famosas dirty words, como las llaman los gringos en su lengua). El chico era apasionado, sensual, cariñoso. Todo su cuerpo era un lenguaje. Jugaba con mi cuerpo, creo que se divertía. De pronto era hombre, hecho y derecho, y de pronto tenía la candidez ideal de un niño (sí, digo ideal, porque es una frase hecha, ya que si hay algo poco cándido son los niños). Después de una hora u hora y media, yo estaba exhausto.

El pendejo me hacía preguntas con sus gestos, que yo ya entendía bastante bien. Quería estar con mi amigo también. Así que, en medio de mi satisfacción, salté de la cama y pasé al living, donde mi amigo leía el Clarín. Le dije: "Quiere con vos". (Estas son las frases que quedan para siempre en el código de una amistad y que luego con mi amigo hemos usado para referirnos a ese momento original e inolvidable). Sorprendido, se metió en la pieza y la pasó rebomba. Al rato, el pendejito se fue. Mi amigo y yo nos preparamos un mate, casi a la madrugada y nos divertimos de la experiencia, nos maravillamos de la capacidad expresiva de un sordomudo, sacamos a los sordomudos de nuestras listas negras y, amén de festejar nuestra amistad, ambos concordamos en que el pendejo era uno de los guachitos más bellos que nos habíamos pasado en este valle de lágrimas.

Al cuerpo le gusta morir. Morirse de a poco, por pequeñas dosis. El cuerpo se desborda, se mata, se revienta. Y en eso goza. Es necesario que el cuerpo llegue a tocar algún límite, impuesto por cualquier cosa, para que entonces él se perciba a sí mismo, como entidad, como existente, y perciba el mundo. El cuerpo tiene, a la vez, miedo de morir, pero ama la muerte. Se expone y a la vez se defiende. Extraña tensión entre aquello que lo hace vivir, le hace sentir su vida, y aquello que lo mata. Siempre me ha resultado difícil resolver esta aparente bifurcación. Allí donde el cuerpo no se engolosina con la muerte, no se siente nada. Es ley, su íntima ley. No hay que comer para sobrevivir, hay que hartarse para sentir la pesadez de la carne. No hay que echarse un polvo juicioso, atenido, modesto, hay que darse una paliza de sexo, quedar exhausto, dolorido, para que haya registro del coito, del encuentro. También me ha costado mucho precaver a mis amigos de su fascinación con la muerte. Me ha tocado verlos caminar certeramente a su propia destrucción y no poder hacer nada. El cuerpo rechaza las palabras, las advertencias, las prevenciones. Y cuando esa certeza del morir se le aparece al cuerpo como un horizonte que promete supremos goces, es ya imposible detenerlo.

Un amigo mío, que tenía un hermano desaparecido, no paró hasta que se reunió con él en el más allá de todo deseo. Para muchos, después de un duelo larguísimo, de una terapia no menos prolongada y de una pareja de años con un tipo mayor que él, había comenzado a sujetar las riendas de su vida, a liberarse, a vivir. Pero yo no me engañé nunca. Sabía que iba derechito a ese lugar en el que nadie puede acompañarnos. Nacemos y morimos solos, dicen. Recuerdo cuando, en sus momentos de euforia analítica, comenzaba a balbucear sus fantasías. Desde adolescente, había estado con un hombre mayor, con el que había tenido su primera experiencia sexual. Y en esa confortabilidad de la "pareja", que era realmente una dependencia enfermiza, había pasado muchos años, negando esas incursiones de su cuerpo por las pequeñas muertes. Así que cuando logró liberarse, romper las ataduras, se fue sin pausa hacia la gran muerte. En el interín, como digo, balbuceaba sus fantasías. Su gran anhelo era—me dijo una vez mientras íbamos en un colectivo—levantarse un camionero fortachón y maduro (no le gustaban los pendejos sino los tipos grandes y peludos, los ositos, que para mí eran sencillamente viejos y gordos; razones tendría, que no me compete asentar aquí). Se imaginaba solo, en una noche oscura, paradito al costado de una ruta. Como vivía en zona de valles y cerros, no imaginaba marineros ni puertos. El camionero lo vería y detendría el vehículo, invitándolo a subir. Y después de un cambio de palabras triviales, le ordenaría chuparle la verga y luego, poniendo el camión a un costado del camino, le propinaría una suculenta culeada.

Y un día, por esas casualidades de la vida, estuvo al costado de un camino y un camionero se ofreció a llevarlo hasta la ciudad. Estaba oscuro. Hablaron del tiempo, del calor, de la humedad. El conductor era rudo, musculoso, machote. Pero en esas veleidades circunstanciales de los hombres, el camionero empezó a insinuarse. Mi amigo esperaba el momento en que el tipo le pidiera, le ordenara, lo obligara a abrirle la braqueta y chuparle el pingo. Nada de eso ocurrió. Más bien, el camionero fingió un problema mecánico, con lo que justificó la detención al borde de la ruta del pesado camión. Mi amigo imaginó entonces que le daría su fantaseada culeada, aunque ya estaba un poco insatisfecho que no hubiera ocurrido primero—en el orden sagrado en que la fantasía dispone sus momentos—la mamada. El camionero se subió al vehículo y le dijo a mi amigo si él se dejaba chupar la pija. De modo que el momento estaba ahí, pero al revés. Mi amigo supo que debía sacarse el moño rosa y ponerse el moño celeste. Y efectivamente lo hizo. Se dejó mamar y luego tuvo que cogerse al machotote del camionero.

El desagrado venía entonces tanto de la inversión de roles, de una escenografía adecuada para una escena no prevista, como de la certeza de que la fantasía ya nunca más tendría posibilidades de realizarse. Pero también ese disgusto que lo hubiera lanzado a la repetición, al fluir del deseo, era más un estupor por no haber muerto, por no haber ni siquiera muerto un poquitito en el goce de haber realizado su fantasía tan guardada, tan secreta. Más tarde, después de su alta terapéutica, se lanzó de lleno a encontrarse con la muerte. Y en los vaivenes de los placeres, fue incentivando día a día su conversación con la Pelada—como dicen los mexicas—hasta que, estúpidamente, se contagió de SIDA y también estúpidamente la mantuvo en secreto para morir un día cualquiera en un hospital inmundo. Las últimas veces que lo vi, recuerdo, aunque no lo imaginaba contagiado, sentía ese furor por morirse, por dejarse arrastrar hacia el vacío. "Ahora que te jubilaste, y sos tan joven, te vas a aburrir sin hacer nada", todos le decíamos. La última frase que me espetó fue cuando, así jubilado muy joven después de años sin pena ni gloria en la administración pública, le insinué que tenía que pensar en hacer algo: "Nada—me dijo—no voy a hacer nada". Y a los meses se murió.

Gerardo González

El lesbianismo siempre me ha parecido un misterio. Con lo que me gusta la verga, me parece increíble que haya seres sobre el planeta que puedan renunciar a ella. Me costó mucho entender que probablemente el lesbianismo es una renuncia a la verga pero no al falo. Es como si el falo tomara allí tal dimensión, que hace a la verga totalmente innecesaria. Eso, claro está, en los casos ideales, porque sabemos cómo las lesbianas compran dildos a troche y moche. Pero el lesbianismo ideal me parece que ha de ser justamente lo contrario del homosexualismo ideal, que sería todo y puro verga. En cambio, en el lesbianismo ideal, el falo, completamente desprendido de su pobrecito representante, se daría el lujo de ir de un cuerpo al otro, de una parte erógena a la otra, sin necesidad de anclar en ninguna parte. Allí ahora y luego acullá. El lesbianismo, ¿una circulación infinita del falo? ¿Será eso lo que lo torna más peligroso que la homosexualidad masculina? ¿Incluso más peligroso que aquello que planteaba Perlongher? Vaya uno a saber. Yo no voy a hablar por las lesbianas.

Ayer estaba viendo el noticiero por televisión. Por supuesto, como siempre, dedican cinco minutos a pasar todas las noticias importantes del mundo (de todo el mundo) y el resto del programa (en general 30 minutos) está dedicado a anunciar las estupideces que promueven algunos empresarios latinos de enorme poder y lamentable gusto. Pero además, después de contarnos cómo va a estar el tiempo al día siguiente y dar explicaciones con gráficos de cosas que a le gente le importan un carajo, el resto del tiempo, casi todo el tiempo, está dedicado a los deportes, y ni siquiera a todos los deportes, sino al fútbol, y ni siquiera a todo el fútbol sino el masculino. La manía masculina del fútbol ha sido adoptada, como muchas otras manías, por las mismas mujeres y hasta por las maricas. Todo es sistemático en esta vida. Si los gays quieren casarse y adoptar bebés, si quieren sentir el honor de ser soldados de la patria en las fuerzas armadas, cómo no van también a entusiasmarse con el fútbol. El fútbol, que nunca me interesó, promueve pasiones, eso es indudable. Y no está mal. Pero cuando el fútbol promueve fanatismo y pelotudez (cosas imposibles de separar), es algo realmente abominable.

No me molesta ver un partido de fútbol. No entiendo mucho, pero puedo apreciar algunas jugadas. Sí, está bien, lo confieso: lo que más me gusta no es ver la exquisitez de un tipo manejando una pelota (parece que eso es lo que habría que apreciar, según me cuentan y según he leído). Yo miro los partidos porque me fascinan los tipos, sus cuerpos trabajados, sus piernas musculosas. Confieso, además, que lo que más me atrae de un hombre son sus muslos, su chasis, como decía una loca amiga mía. Pero esta apreciación festiva no me dura mucho. Apenas hacen el primer gol, ya empiezan a correr como locos por la cancha y se levantan la camiseta y gritan cosas a las tribunas y se abrazan y se tocan (especialmente el culo) y se besan. Me da envidia, lo reconozco. Pero como soy tan mental a veces, me quedo mirando la pantalla intentando adivinar qué significa eso de hacer un gol y levantarse la camiseta y mostrar el pecho. Y encima, se persignan, hacen la señal de la cruz, incluso a veces antes de empezar el partido o de patear un penal. He intentado varias explicaciones, pero siempre me quedo ahí, suspendido, tratando de adivinar qué extraña conexión hay entre hacer un gol y levantarse la camiseta. Y persignarse. Luego intento imaginar qué dicen a las tribunas. Seguramente hay códigos aquí que, como mariquita radical, me escapan completamente.

Fui una vez, una sola vez, a la cancha de Boca, cuando era pibe, y estuve en palco, porque en aquella época, mi tío, presidente de un banco, era el amigo del legendario Alberto J. Armando, presidente del club. Mi tío era el que le sacaba, con préstamos bancarios suculentos, los panes quemados del horno. Y Armando lógicamente retribuía con increíbles regalos a fin de año. En fin, como se ve, no puedo certificar una experiencia de tribuna, de tribuna popular, loca, festiva, horriblemente fanática a veces. Ni siquiera puedo rememorar mi asistencia a los partidos de fútbol cuando era niño. Recuerdo que iba a ver lo que, en el pueblo donde me crié, llamaban "campeonatos de baby-futbol". Jugaban todos los pendejos del barrio, adolescentes llenos de energía y no sin belleza. Algunos eran mis preferidos y no me perdía un partido. Los veía correr y enseguida me sumaba al sentir de su equipo, cualquiera fuera (no me interesaba para nada mi lealtad a los equipos). Luego regresaba a mi casa y a la noche repasaba mentalmente sus cuerpos, me imaginaba que me dedicaban el gol y todos, como si fuera una plaza de toros, me aplaudían. Y que luego del partido nos íbamos a tomar algo y a hacer el amor. Yo imaginaba, en esos tiempos de mi niñez y de mi pubertad, que hacer el amor era besarse, acariciarse, ver el cuerpo desnudo. Hasta muy tarde en mi vida no pude tener una idea concreta de la penetración o de la erección. Seguramente, aunque no lo recuerdo, tenía erección, pero no la registraba, no me daba cuenta. Faltaría mucho tiempo hasta que llegara el momento (uyyyy....parezco García Márquez con estos juegos verbales...), sí, decía, faltaría mucho tiempo hasta que llegara el momento de descubrir qué era una erección, y mucho más todavía hasta que entendiera finalmente el proceso de la eyaculación.

De modo que en estos imaginarios eróticos-futbolísticos, lo que me atraía completamente era el cuerpo, en su totalidad, en su energía. Pero los chicos de aquel entonces no se sacaban las camisetas. Y menos aún mostraban el pecho. Es posible, no obstante, que se persignaran. Tal vez es eso lo que ocurre ahora. Toda la tribuna se ha amariconado hasta tal punto que, en esta sociedad de consumo donde todo se da por un precio, los futbolistas, que cobran tanto, terminan ofreciéndose en esa desnudez que yo añoraba bajo las sudadas camisetas de mis amores primeros. Como yo, tal vez los aficionados, en cierto modo amariconados (tanto como los futbolistas que se besan y se abrazan), guardan en secreto ese deseo y esa satisfacción.

Tal vez por eso van a la cancha, para esperar el gol como si fuera el anuncio innegable de que el causante se va a levantar el velo y, como una Salomé musculosa, va a mostrar su pecho expandido a las multitudes. Yo, en aquellos tiempos, tenía que imaginarme esos pechos. Ninguno de mis admirados hubiera osado, en aquel pueblo y en aquella época de catecismos, sacarse la camiseta, o arrojarla llena de su fascinante sudor a la tribuna enardecida. Me pregunto qué hubiera hecho yo si hubiera tenido en mis manos esas camisetas sudadas por esos mismos cuerpos que yo admiraba. Claro, estaban allí sus noviecitas domingueras que hubieran sido las homenajeadas por tanta deseada transpiración. Porque estaban ahí también, coqueteando como yo, pero más sueltas. Yo, todavía sin saber con certeza lo que estaba ocurriendo dentro de mí, sabía, y con total convicción, que no podía, como esas chirucitas, expresar mi secreta admiración. Siempre así, algo velado, algo distanciado, algo prohibido, algo inalcanzable que, sin embargo, intensificaba mi pasión.

Ya de grande no tiene sentido ir a la cancha. No me conformaría con ver los pechos, ni con coquetear en la tribuna. Tal vez aceptaría hacer algunos reportajes en los vestuarios. Uno nunca sabe. En las tribunas, bien lo sé, hasta correría el peligro de ser el chivo expiatorio de la pasión homofóbica reprimida de los hinchas, fascinados frente a tanta masculinidad desplegada, espectacularizada, enardecedora y provocativa. Ya se sabe que los machos, para ser realmente machos, en el peor sentido de la palabra, tienen que estar juntos, en bandada y frente a aquello mismo que exhibe o sostiene lo que más desean. Allí emerge la furia. Una furia ahora mercantilizada por las rencillas entre las hinchadas, las famosas barras bravas, que se enfrentan por oscuros deseos y que se dejan llevar por la muerte que hay en toda ceguera fanática, aprovechada además por la ferocidad de los políticos.

Impotencias de todo tipo, en las camas con sus mujeres, en los encuentros clandestinos con algún travesti que, como ocurre frecuentemente, termina cogiéndose a su cliente, o en el trabajo con la sumisión a sus patrones o a sus jefes, en la nación con sus gobernantes, en fin, impotencias que le vienen de su miseria y su horror cotidiano, y que busca descargar en la cancha, como si fuera (y sólo como si fuera) celebratoria, siéndolo, claro está, celebratoria de la muerte.

A esta altura del noticiero, me pregunto si habrá alguna otra cosa en el mundo que no sea fútbol, alguna otra cosa que amerite un poquito de espacio en la televisión. Lamentablemente, nada, nada parece convocar tanta pasión como ese chongo levantando su camiseta después de un gol evanescente. Sí, en verdad, tan evanescente como un polvo. Y luego, como remate, el reportaje. Los pobrecitos apenas saben articular un par de palabras; tienen, en general, enormes dificultades para completar una oración con sentido. En los boxeadores es casi explicable y comprensible, pero en los futbolistas es simplemente ignorancia calcinada. Y si logran armar una frase completa, el sentido es tan trivial, tan trivial que apena. Hablan de su equipo, del partido, de su entrenamiento, del director técnico o lo que fuere, como si fuera la cosa más vitalmente importante de la tierra. Claman la ayuda de dios o la virgen, y expresan todo con tanta seriedad que, por momentos, me cuestiono si al fin y al cabo yo no estaré realmente fuera del mundo. Estos animalitos preciosos, algunos hasta de una dulzura increíble, sacados de los potreros y lanzados a la danza fatídica del éxito, de los millones y de los negociados de los dueños de clubes, deben tener algunos momentos de lucidez, en el que sienten cómo su ser es una manufactura más, oprobiosa, de la sociedad de consumo. Son vendidos, comprados, transferidos, multados, eliminados, maradonizados, olvidados, destruidos. Peor que las putas y peor que las locas.

Hoy conocí en el chatroom a John. Adorado John. Conversamos muy poco, porque una vez intercambiadas las fotos, el proceso de encontrarnos y coger se aceleró. John es un hermoso señor, casado, con hijos, que tenía el viernes libre. Solo en casa, a la hora de la siesta, no tuvo mejor idea que dar lugar a nuestra aventura. John es de raza negra, un tipo altísimo y corpulento con una verga grandota. Cuando me mandó la foto, yo empecé a rogar a todos los santos que me lo trajeran a casa, a la camita, porque era tan guapo y tan de mi tipo, del tipo al que siempre se dirige mi deseo—y hacía tanto tiempo que el Olimpo no se apiadaba de mí—que me preparé para disfrutarlo centímetro a centímetro. Cuando llegó, era tan alto, que me di cuenta de que jamás había yo estado con alguien así. Me agarró en sus brazos, me levantó y me besó con sus labios carnosos. En la cama, toda ternura, cariñosísimo. Nos recorrimos todo el cuerpo, nos exploramos, nos besamos, nos babeamos—nos hicimos pijamas de baba, como dijo felizmente una vez un amigo tucumano—y todo lo que se pueda imaginar. Fue tan intenso el juego preliminar, que me vine al tiro, justamente yo, que siempre tardo tanto en acabar. Él se sintió fascinado por eso. Y era lógico, su verga enorme y tibia entre mis piernas, le provocaba un exceso de éxtasis y a mí me dejó fuera de control. Luego me penetró y me cogió por un largo tiempo, hasta que se vino. Se quedó dentro de mí por otro tiempo largo mientras me besaba el cuello y me acariciaba el pelo. Yo le acariciaba las manotas y ambos nos mirábamos en el enorme espejo que tengo en mi habitación. Éramos un maravilloso manjar de vainilla y chocolate.

Como ocurre muy pocas veces, John se relajó y se dispuso a descansar y disfrutar del postcoito. Hablamos. Me contó nuevamente que era casado y que solamente en los últimos tres años había finalmente dado rienda suelta a su deseo. Me contó su primera experiencia con un tipo, con el que parece que se encontraron varias veces. Siempre dejo que los casaditos, si es que se quedan a reposar, hablen. Siempre llega un momento en que balbucean parte de su fantasía. Después de su primera experiencia con un hombre, se empeñó en cogerse a medio mundo. Luego, se fue calmando y, muy sabio, me aclaró cómo se fue poniendo más selectivo. Y yo no dejé pasar la oportunidad de decirle que me parecía bien, que era tan atractivo, que no debía darse con cualquiera. Desde ya, yo me suponía en la lista de los elegidos. Los espejos—que ya no eran los de mi recámara—están siempre a la orden del día.

En fin, hablamos de todos los prejuicios que uno tiene que enfrentar para poder disfrutar la homosexualidad, de los problemas dentro de cada comunidad. Para él no fue fácil. La cultura negra en Estados Unidos, sumada a la práctica religiosa y a los estereotipos machistas, fueron todos obstáculos que demoraron su iniciación.

Toda cultura permite disolver algunos prejuicios a costa de crear nuevas fantasías. En este caso, John me dijo que había empezado a acostarse con tipos por curiosidad, una curiosidad que le venía de muchos años atrás. Me sonreí. Soy bastante puto como para permitirme reír en estos casos. A las ganas de cogerse a un tipo, al deseo homo, la cultura lo deja ahora circular, al menos para John, bajo la etiqueta de "curiosidad" o, como sólo el inglés puede expresarlo, bi-curiousity. Hay muchos casaditos en el Chat que usan esta palabra: son bi-curious. Coger, pues, con hombres pero solamente... por curiosidad. Y luego me dijo que él quería a su esposa y a sus chicos y que tenía mucha responsabilidad para con su familia, que sentía la necesidad de protegerlos, por eso era muy cuidadoso. A pesar de que estaba muy tranquilo, John podía vivir, permitirse liberar su deseo homo, a costa de armar ciertas mitologías. Me dijo que desde que había comenzado a coger con hombres, notó que se había incrementado su apetito sexual. Y que ello lo había llevado a hacer el amor con otras mujeres. Pero...y aquí viene lo maravilloso de los casaditos...el punto del diálogo que yo siempre espero...pero que se sentía culpable cuando hacía el amor con otras mujeres. Coger con otra mujer diferente de su esposa era, dijo, sustituir a su esposa. Y él se sentía mejor, sin culpa, cuando cogía con hombres porque, en ese caso, no estaba sustituyendo a su esposa, a quien decía realmente querer. Luego habló de sus hijos.

    Antes de irse, me pidió que lo dejara llamarme y me dijo que le gustaría mucho regresar. Por supuesto, como estos platos suculentos no le ocurren a una todos los días, le di luz verde para llamarme cuando quisiera. Se bañó y luego se tomó una gaseosa; en cierto modo se lo veía muy cómodo en mi casa. "Estoy casi seguro que llamará otra vez"—me dije—"y ojalá lo haga"—pensé. En verdad, lo había disfrutado mucho. Mientras se vestía hablamos de nuestras profesiones. Esto siempre da un marco más elevado al encuentro, especialmente cuando ambos son profesionales. Después que se fue, me bañé y me fui a caminar a mi parquecito. Y pensé: John tiene esta vida secreta, llena de encuentros placenteros o más o menos gratificantes, conoce hombres que nadie en su familia o en su entorno social conocerá. Para él, su esposa está de alguna manera protegida de sentirse amenazada por otra mujer, una que podría comenzar a ponerse posesiva y hasta loca, como en la película *Fatal Attraction*. La mujer, seguramente, debe a veces sentir un poco de celos cuando alguna mujer mira a su marido, a su guapo marido. Y jamás imaginará que su marido ni presta atención a esa otra mirada femenina, sino que está fascinado por un tipo. Los hijos imaginarán en John a un padre dedicado, bien hombre, bien hétero; tal vez, cuando sean más grandes, imaginarán a su padre en alguna aventura con alguna mujer. Y John, en un sillón de algún asilo, estará imaginando en cambio el cuerpo de un hombre, de algunos que se cogió en su pasado feliz. Toda la familia irá a misa los domingos y se sentirán respetables, mientras tal vez John esté pensando en que, si tiene tiempo libre después del servicio, me va a llamar para pasar una siesta juntos.

Mientras caminaba por el parque y pensaba que iba a regresar a casa a escribir estas meditaciones, me acordé de esa tarde en que, leyendo en ese mismo parque, un día sábado, varias familias reunidas cocinaban, mientras los niños jugaban en los juegos y corrían remontando los barriletes o saltando en los brincolines. Todo era tan ameno, tan bucólico: una verdadera escena gringa. Varias mujeres reunidas, por un lado, y por el otro, los hombres. Las mujeres, sin excepción eran gordas, fofas, mal vestidas. Los hombres, en cambio, estaban coquetísimos, con sus ropas deportivas impecables y sus cuerpos bien formados. Es cierto que hay casos en que las mujeres, una vez casadas, se dedican parsimoniosamente a deformar el cuerpo de sus maridos, seguramente con la esperanza inconsciente de que así los sustraen al mercado de deseos. Una manera, en fin, de protegerse en esta sociedad que tanto las margina, incluso jurídicamente. Pero también es cierto lo que nos enseñó don Sigmund. Me refiero a la hipótesis de que las mujeres, desprovistas del falo, se engolosinan con él al momento del nacimiento de sus hijos. Por eso, los maridos quedan un poco descuidados. Ellas ya parecen totalmente completas, indivisas, entre su cuerpo y el cuerpo de sus hijos. Una especie de fiesta autoerótica donde el pene del marido es apenas un lastimoso intrumento al que ceden una o dos veces por mes. Gordas, fofas, mal vestidas, pero satisfechas, hablan con las otras mujeres y dejan que sus maridos cocinen y cuiden de los hijos, al menos por un día.

Yo miraba a los hombres, por supuesto. Algunos eran gringos blancos y otros latinos. Como dije, muy bien arreglados y uno de ellos especialmente guapo. Yo imaginaba lo que imaginé para John. Este señor, después de cumplir con este ritual familiar, que lo satisface enormemente, como hombre, como padre, como macho, como jefe del clan, bien insertadito en lo simbólico, va a ir a meterse en la computadora y va a tranzar un encuentro para tirarse un polvo con otro tipo, seguramente tan meticuloso con su cuerpo y figura como él, alguien que le garantice ese placer que la mujer, por estar tan absorbida por los niños-falos, ya no logra provocarle. Gracias, mujeres. En el parque, yo miraba esta comedia: la comedia humana.

Me preguntaba, a su vez, qué recuerdos debe suscitar a veces en esos papitos una villa como yo. Mientras están tan tranquilamente haciendo un poco de carne asada, yo allí sentada en el parque, leyendo o paseando el perro. Serán recuerdos que difícilmente podrán comentar o incluso verbalizar. Me acordé del mal de archivo del que habla Derrida. Estas experiencias secretas, estas aventuras son parte del mal de archivo de la cultura. Entre sus cuates, como dicen los mexicas, los hombres pueden confesar sus aventuras con otras mujeres, y todos los otros comprenden que eso no significa que se cuestione la institución familiar ni que se la amenace. Pero muy rara vez los hombres pueden poner a circular sus aventuras con hombres entre los otros hombres casados, cuates o no. Seguramente hay un sobreentendido de que algunas de las mujeres de esas historias no son biológicamente mujeres. ¡Vaya uno a saber! Y esto siempre conduce a lo mismo: a las sospechas sobre la figura del padre. Layo, el padre de Edipo, tenía secretos como estos, tenía su mal de archivo. Y también, seguramente, mi padre. Padres-icebergs. Uno está siempre condenado a tener una superficie, un semblante del padre, un pedacito del patriarchivo. Las memorias que tenemos de nuestra familia son siempre memorias de una comedia, pero sólo una parte, la que se representa sobre el escenario, pero no la que ocurre entre bambalinas. La memoria familiar es siempre fraudulenta. La tradición es ese monumento que no nos atrevemos a desafiar, incluso cuando somos nosotros mismos esos padres que estamos en una cama con otro hombre y sabemos que esa experiencia es algo que vamos a excluir, a borrar, a ningunear, que nunca vamos a legar a nuestros hijos, al futuro.

Tomo el tren que va de Berlín a Munich. El vagón está casi desierto. Sentadito, al lado de una ventanilla, un soldadito alemán. Rubio y de facciones delicadas, casi femeninas. Si no fuera por la forma tan machita de estar sentado, con sus piernas abiertas, hubiera pensado que su delicadeza era demasiado para un hombre de armas. A lo largo del viaje su presencia más que halagar mis sentidos, me empieza a molestar. Es como un muñequito, relajado sobre el asiento, ofrecido y a la vez distante. Objeto de deseo que perturba más que agrada. Tengo que confesar que ni una sola vez posó su mirada, ni por descuido, en mí. Eso me dio rabia, su autosuficiencia, como si no tuviera necesidades. Sus ojos se dirigían al hermoso paisaje campestre. Ese milimetrado campo europeo, tan racionalizado, con sus parcelitas de diversos colores expandidas por las colinas, trigo por un lado, amarilleando, papa por otro y, como broche de originalidad, unas florcitas rojas silvestres esparcidas por doquier, como al descuido, una especie de ficción de naturaleza natural, que quiebra la simetría de la cultura y de la producción.

Pensé que la base del racionalismo debe haber sido justamente la agricultura, cómo alimentar a tanta gente con tan poco territorio. Luego, ya se sabe, esta probable exigencia material los hizo alardear de filósofos y tan pronto como se tiraron a imperializar el mundo, los europeos nos impusieron a todos, con veleidades de universalidad, esta visión del mundo de fuerte raigambre agrícola y provinciana, condimentada con racismo y otras yerbas. Pensaba en estas cosas para sofrenar el impulso que tenía de lanzarme sobre el soldadito y tocarlo, besarlo, apasionarlo, sacarlo de esa postura autista, de esa autosuficiencia ejercitada, seguramente, en una disciplina de hierro. Para él, seguramente yo no era más que un sudaca, con algunos sospechosos ademanes, indigno del paisaje que lo absorbía y del que, en cierto modo, él formaba parte. Yo era naturaleza asimétrica perturbando con mi exceso el bucolismo humano del progreso, el orden y la paz. Para colmo yo venía cansado, con ropas ultrajadas por tantos días de turismo, y hasta enfermo, con una tos que me hacía sentir como una Manón perdida en tierra germana.

Para no mirarlo, empecé a fantasear, quería imaginar esa belleza de su rostro contraída por los espasmos del orgasmo, en ese instante en el que, sea como fuese, tenemos que reconocer la presencia del otro, así más no fuere imaginario. Me lo imaginaba en las duchas. Intentaba captar cómo mirarían los otros soldaditos su perfecto cuerpo, delicado, desnudo y casi andrógino. ¿Lo desearían? Todos sabemos que el soldado goza de estar entre hombres. Sus pares son como espejos de los que extrae su propia seguridad. Los otros, en cambio, son como espejos en los que ve (o quiere ver) su masculinidad amenazada. La obediencia es el aparato institucional que, con la excusa de resaltar las virtudes varoniles, lo posiciona siempre como mujer frente a su superior. Si es buen soldado, será galardonado y progresivamente irá ocupando posiciones de poder que le permitirán extraer, a veces bastante sádicamente, su masculinidad de la obediencia de sus súbditos. Extraerá incluso su masculinidad en la guerra, en los abusos de la guerra, frente a todo lo que no lo refleje o bien frente a aquello que amenace su ideal de pureza y virilidad. Sentirá su masculinidad en la medida en que mujerice a todos los que están por debajo de su rango. No olvidemos que obedecer es, en casi todas las culturas patriarcales, el deber de la mujer y de todo lo que debe ser subalternizado.

Yo quería imaginar a este soldadito alemán obedeciendo. Y también quería imaginarlo empecinado en hacerme obedecer. Pero yo no era su espejo, ni siquiera su amenaza. No existía en su paisaje, ni siquiera para el desprecio. Creo que eran los campos, cuadriculados, simétricos, programados, calculados, los que le devolvían identidad. Era esa falsa armonía de la producción, ese bucolismo de ensueño del campo europeo, lo que impedía que la mirada del soldadito deambulara por el vagón, ahora lleno de turistas, de extranjeros, de inmigrantes, de putos, de judíos, de mujeres, de todos aquellos a quienes el racionalismo de los campos ya había de alguna manera eliminado con anticipación.

A noche, después de muchas dudas, terminé yendo a la boda del sobrino de Simón. Simón, nacido en Kuwait de padre ruso-babilonio y madre armenio-siria, es un chico gordito, de hermosos ojos arábigos, que conocí en el chatroom. Es muy apasionado en la cama y tiene con qué satisfacerme. Se enamoró de mí. Nos gustamos desde el primer momento. Los chicos del Oriente Medio me enloquecen por su piel. Simón, mucho menor que yo, me presentó inmediatamente a sus amigos y de alguna manera me comprometió frente a ellos a ser su novio con todas las de la ley. No es musulmán, sino cristiano ortodoxo, y hasta quiso llevarme los domingos a misa. Por ahora no he cedido, aunque no descarto la posibilidad de ir una vez para ver cómo es el ritual en latín y, de paso, darme un taco de ojo con los maridos, hijos, padres de su comunidad que asisten con fervor a exculpar sus pecados.

Con la misma velocidad, Simón quiso presentarme a su familia. No formalmente, claro, porque no saben que él es homosexual. Pero al menos quiso que yo la conociera. Hay en Simón como una urgencia de establecer, tanto frente a sus amigos como a sus parientes, que él tiene una relación. Fantasía doble, naturalmente, porque aunque sus amigos gay, muy jóvenes y muy culturalmente alejados de mi "estilo de vida", no pueden contar conmigo como novio de Simón—justamente debido a mi edad y mi estilo de vida—sus parientes apenas si podrán enlistarme como "amigo" de Simón. A veces es encantador ver cómo hay tipos que quieren enseguida formalizar una relación. Yo no puedo aguantar mucho esta puesta en escena, ridícula por donde se la mire, ya que ni sé el apellido de Simón ni tampoco tengo idea de dónde vive. Apenas cuento con el número de su celular.

Simón tiene también muchos protocolos de sociabilidad, de respeto y amabilidad. Una amiga mía que se quedó en casa por unos días fue muy halagada con un ramo de flores y chocolates que Simón le trajo el día que vino a conocerla a casa. De más está decir aquí que tuve que advertir a mi amiga—encantada ya con Simón—que esto no era una práctica cotidiana de la vida gay americana, ni siquiera de la vida straight americana, sólo locura privada de Simón. También, mientras mi amiga estaba en casa, Simón se quedó a dormir y, cuando estábamos en la cama, me dijo con solemnidad: "Hoy no vamos a hacer el amor porque somos muy ruidosos y debemos respetar a tu amiga".

Fue así que Simón, siguiendo estos protocolos, me invitó a la boda de su sobrino. Le dije que sí, que iba a ir, pero en mis adentros comencé a buscar una buena excusa para usar a último momento y desentenderme del evento. Sin embargo, llegado el momento, entre que iba y que no iba, me decidí a ir, aunque más no fuera por devolverle a Simón su amabilidad para con mi amiga. Me alegro haber ido. No me gusta mucho ir a bodas y menos de gente que no conozco. Pero esto fue una experiencia performativa y cultural. Estos "árabes" gastaron 50.000 dólares en una boda en la que tiraron la casa por la ventana. Un salón espectacular, dos cámaras con equipos de filmación tipo estudio de televisión o de cine, unos seis fotógrafos (uno muy profesional que trajeron desde Boston), la decoración del salón era impresionante de flores y de bandejas con manjares que cubrían todas las mesas, casi setenta mesas que alojaron a más de cuatrocientos invitados. Había también un bar y una orquesta que tocaba y cantaba canciones en árabe. Las mujeres, muy bonitas, pero los hombres (y esto muy aparte de mis preferencias), eran algo de no creer. Para colmo, además de súper guapos y bellos y bien vestidos, bailaban juntos agarrados de las manos o de los brazos como en *Zorba el griego*. Era un homoerotismo infrenable que surgía de lo más profundo y caliente de sus cuerpos y de su cultura.

Cuando los novios entraron al salón, le dieron a él una especie de estandarte, porque era el hombre más importante de la noche. Las mujeres agitaban pañuelos bordados en lentejuelas y otros aderezos, mientras hacían el gritito típico de las mujeres de esa raza y que yo reconocí porque estaba viendo *El clon*, una telenovela brasilera cuya acción transcurre en Marruecos y Río de Janeiro. Cada familia tenía un color específico. Acompañaron a los novios a la mesa que les tenían reservada y que estaba a un nivel más alto que el resto. La única mujer sentada allí era la novia, acompañada por todos los hombres jóvenes de las dos familias. Parecía una versión árabe de *El padrino*. Comenzaron los bailes. El novio y la novia eran como la máquina de un tren, y todos agarrados de las manos coreografiaban círculos concéntricos, mientras el novio agitaba el superfalo. Luego hubo danzas sólo de hombres y también una de las mujeres con el piso superior de la torta de bodas; después de encenderse todas las velas de las mesas y también una sobre la torta, se pasaban el piso superior de la torta mientras cantaban y gritaban y agitaban sus pañuelos. Simón me dijo que era el recibimiento femenino a la novia en la familia del novio, y que era la forma en que la nueva suegra recibía a la nuera, mientras las mujeres cantaban cantos de fertilidad, comprometiendo a la nueva integrante a tener muchos hijos.

Cuando los novios abrieron el baile, los cubrieron de guirnaldas hechas con dólares, para auspiciar la buena fortuna de la pareja. No había danzas individuales; eran cadenas comunitarias, que luego se iban expandiendo hasta abarcar todo el salón, mirando hacia adentro y hacia afuera del círculo que coreografiaban.

Tal vez lo más interesante fue Simón, quien era el gran anfitrión, el que había preparado todo, vaya a saber por qué designios secretos de su historia familiar. Apenas llegué me presentó a su amiga

Oliva, una trabajadora social muy interesante, y luego me dio una carpeta con sobres llenos de dinero con el que iba pagando a los músicos, a los fotógrafos, etc. etc. Incluso las guirnaldas de dólares hechas para su familia. Yo sentí que era un honor tener su confianza. Me presentó a algunos personajes de su familia también. Lo más sorprendente (al menos sorprendente para mí que soy un salvaje social) era la naturalidad con la que Simón balanceaba su presencia entre sus amigos (a quienes nos atendió individualmente) y su familia.

En fin, una noche maravillosa como no me lo esperaba. Me re-enamoré de Simón. Estaba muy guapo en su tuxedo y parecía tener una generosidad ilimitada. Me hubiera gustado hacer el amor en algún rincón de la fiesta, a escondidas. Según me contó después, la fiesta terminó a la madrugada. Yo a las 12, como la Cenicienta, decidí que el show había ya dado lo mejor de sí (es una hora avanzada para la cultura americana, you know) y, tras despedirme de mi árabe, me retiré a dormir el sueño de las mil y una noches.

A los pocos días rompimos nuestra relación. ¿Motivos? None of your business. Boludeces de siempre que nada enseñan. Simón quería ir viernes, sábado y domingo a bailar a una disco gay y verse con sus amigos. Nada puede ser más torturante para mí que ir a lugares de este tipo, especialmente el que frecuentaba Simón, en el que cada 15 minutos tiraban del techo una especie de humo, como si fuera un baño de Auschwitz. Después de dos esfuerzos de mi parte por acompañarlo, un viernes, que me sentía muy cansado, le dije que fuera solito y se divirtiera. Incluso le ofrecí que viniera a dormir conmigo cuando terminara todo. Mi idea era quedarme tirado en el sofá, mirar tele, después de un día de mucho trabajo y de haber lidiado con mucha gente. Pero Simón necesitaba ostentar su emblema, en este caso, yo. Nunca supe para qué, porque al llegar a la disco, en medio del humo y del bullicio, se ponía a charlar con sus amigos, que me marginaban sin mayor preocupación. Lo cierto es que Simón reaccionó con un "¿y si me empato con alguien?" (Obviamente, no lo dijo así en inglés).

Con la naturalidad que dan los años y las carreras corridas, le dije: "Simón, si te encontrás a un pendejo que te gusta y te encamás con él, no pasa nada". En ese momento Simón entró en un estado de furia que yo no esperaba: "Entonces no me querés ni un poquito, no te importo nada". Traté de explicarle que si se levantaba un pendejo era más porque yo no le importaba a él, que porque él me dejara de importar a mí. Que si no se levantaba a un pendejo solamente porque yo estaba allí controlándolo, entonces nuestra relación no tenía sentido. Quedó confundido, pero el hecho de que no volvió, me dejó cierta esperanza de que entendió lo fundamental.

Hay un día terrible en que uno se mira al espejo y se da cuenta de que está fuera de circulación. Cuando uno es joven, casi ni se mira al espejo. Uno sabe que sucio o limpio, bien o mal vestido, si uno tiene un buen culito, los chongos van a corretear por detrás como cabritos (o como cabrones, poco importa).

Luego, con el tiempo, empiezan a aparecer algunos desajustes faciales. El signo fatal es el cuello. Cuando el cuello se arruga, ya, terminó la función. Se baja uno del escenario y se sienta en la platea. Mira ahora el nuevo espectáculo. Sin embargo, no todo allí es admirable. El tiempo pasado siempre fue mejor, dicen. Creo que cada edad tiene sus delicias. A lo mejor esto me sirve para conformarme. Hay que explorar, me digo, intentar sacarle jugo a cada momento en cada edad de la vida. Me resulta difícil porque al no representar tanto mi edad, o tal vez porque la represento, la cuestión es que los pendejos se me prenden como moscas a la leche. Se trata como de una secuencia invertida: cuando era adolescente quería atraer a los chavitos de mi edad y se me pegoteaban los viejos, esos que sólo eran viejos desde mi perspectiva de entonces. Y ahora que quisiera a alguien con cierta madurez, me revolotean los pendex. Lo importante es, me digo, aceptar lo que viene hasta cuando venga. El resto es literatura.

Hay maricas que declinan más rápido que otras. Uno no se engaña nunca respecto a los signos del deterioro físico. Este músculo otrora firme, ahora se bambolea. El abdomen se hincha, aunque hagamos dieta líquida. Los rasgos fasciales se acentúan, aunque nos conformemos con la idea de que nos dan más carácter, más personalidad. Cada día nos parecemos más a nuestros padres. La ceremonia más atroz es ver fotos del pasado. Abrí un día una caja llena de fotos que mi madre tenía en su ropero y no me reconocí en algunas de ellas. Fue una sensación siniestra, es decir, como corresponde, bastante familiar.

Hay pequeños dolorcitos y malestares que alertan. Hay dientes que hay que recauchutar. No se compra ropa con la naturalidad con que lo hacíamos en tiempos de frescura. Ahora buscamos que el detalle no nos traicione. Uno se vuelve, digamos, cada día más clásico, aunque los ridículos aquí nunca faltan. La mirada de alguien, otrora acuciante, supuestamente hambrienta de nosotros, se torna sospechosa, hasta impertinente y molesta. El mundo se nos vuelve más persecutorio, aunque finjamos no darle bola. Mi abuela me lo había dicho cuando yo era adolescente y nunca pude sacarme eso de la cabeza, menos hoy, que lo compruebo a pies juntillas: el mundo se repite, la vida se vuelve calculable, monótona, nos aburre. Se desea morir.

Nunca me imaginé que, en el mismo terror a la muerte, haya un centro de deseo por ella, algo allí que la reclama. La muerte de alguien joven, especialmente si repentina, sea por accidente o una corta enfermedad terminal, nos sorprende, y en medio de ese mismo pavor, sin embargo, envidiamos que el muerto haya terminado ya con todo, se haya finalmente liberado. Cuesta—al menos me cuesta—imaginar las muertes holocáusticas, los miles de cadáveres causados por una guerra, un huracán, un dictadura feroz. Frente a los muertos, me tengo que ver a mí mismo, día a día comprobando mi deterioro progresivo. Son instantes en que envidio el valor del suicida. Lo que más me horroriza de la muerte, es la putrefacción de mi cuerpo. Otra vez el cuerpo. Haría desaparecer los cementerios, los mercados funerarios, y solamente dejaría una fogata permanente para transformar la carne en ceniza fina, liviana, capaz de ser desparramada por el viento, para que los muertos estuvieran solamente en el recuerdo, donde son verdaderamente efectivos, pesados.

La memoria de los muertos se parece a la memoria teatral. Ni la fotografía, ni el video, ni el cine pueden reemplazar la impronta que deja una puesta teatral en vivo. Y la historia del teatro, con sus cambios, sus rupturas, sus fidelidades, está hecha de esa impronta definitiva en la memoria de los espectadores anónimos, no de los documentos que supimos conseguir. A donde voy, voy con mis muertos. No me dejan. Me hablan. Me protegen. Me advierten. Me enseñan. Me... me esperan.

Una vez estuve en un harén homosexual. Fue hace mucho tiempo. Yo estaba asistiendo a un congreso en la ciudad de Córdoba, creo que mi primer congreso académico. Había tenido muy pocas experiencias sexuales, de modo que andaba como esperando que la vida me arrastrara por alguna parte. Lleno de miedo, como siempre, caminaba por las calles cordobesas. No puedo reconstruir bien este episodio en mi memoria. Creo que conocí a una mariquita. Podría jurar que el encuentro fue totalmente el típico. Mirarse por la calle, caminar unos pasos, darse vuelta y pararse a mirar sin ver una vidriera, a la espera que el otro se acerque y pregunte la hora, con la vista perdida en un escenario de zapatos o camisas. Recuerdo que no era nada lindo y que al acercarse me di cuenta de que era muy marica, lo cual frustró mi deseo completamente. Sí, recuerdo que estaba mal vestido y que se veía que era pobretona, pero no fue obviamente por ese estatus de groncho que me desencanté. Muy por el contrario, el bello rustico siempre me puso a mil. Sin embargo, su afeminamiento me bajó las expectativas. De todos modos, comprobé inmediatamente que era simpática. Hablamos y hasta es posible que hayamos ido a tomar un café. Experimentada, seguramente, la villita se dio cuenta de que yo buscaba un semental. Además, si le conté que yo era bastante inexperta, seguramente alenté en ella el fuego de la solidaridad. Me invitó a ir a su casa y me dijo que iba a presentarme a alguien interesante.

Es probable que haya ido a su casa inmediatamente o que antes haya vuelto a alguna de las aburridas sesiones del congreso. La cuestión es que recuerdo que tomamos un colectivo y fuimos a un barrio muy marginal, bien pobre, y entramos en una casa bastante destartalada. No tenía yo, en ese entonces, malos pensamientos, ni en mi inocencia había por qué alarmarse. ¿Qué podían robarme? Ni se me ocurrió. Digo "inocencia" porque, si mal no recuerdo, era el año 1977, el año del horror en Argentina. La mariquita había dado bastantes síntomas de ser muy leída y de tener ciertas ideas políticas que, en ese entonces, eran muy perseguidas. Pero cuando uno arde en calentura o el goce empuja para que la vida estalle, justamente ese arrebato nos lleva por esos arrabales peligrosos y turbios. Y no me refiero al barrio, claro está. Entramos a una casa, como dije, y había otras villitas muy hacendosas haciendo las cosas de la casa. Me deben haber dado café o algo por el estilo. Debo haber pensado que estas maricas querían hacer una cama redonda, una orgía o algo así y necesitaban un chivo expiatorio nuevo. ¡Hasta el deseo se aburre de sus escenografías! Tengo la sensación de que estuvimos horas hablando, mirando libros políticos, discutiendo cosas interesantes, mientras una cocinaba, la otra planchaba, la otra barría, la otra lavaba, etc. etc. etc.

Se las veía felices. Guardo esa sensación de que eran felices, porque tenían ideas que las entusiasmaban, ardores y pasiones que las hacían cantar o apasionarse en una discusión mientras cortaban una zanahoria o le ponían un poco de lavandina a la ropa. Tengo el recuerdo de que pasaron muchas horas. Todas me anunciaban algo. Yo era el centro de algo, pero no sabía de qué. Pero en un momento todo se llenó de una energía especial, algo llenaba toda la casa con una vibración suculenta. Esta misma sensación la volví a tener otras veces en mi vida, no muchas. Es una sensación que sólo apareció cuando estuve cerca de un ejemplar parecido. En efecto, entró un macho descomunal. No era alto, pero era bien morrudo, lo que en inglés llamarían un verdadero stud o stocky guy. Tenía la piel morena y los brazos fuertes, con musculatura natural que estaba muy lejos del plástico corporal de los americanos patovicas. Tenía unos ojos negros, morunos, que ardían, que echaban fuego, que quemaban el alma cuando se clavaban en mis ojos. La melena beethoveniana, descuidada, ondulante y sin brillo. Un león salvaje, un toro de raza. Vestía descuidadamente y su aliento a tabaco y alcohol aumentaba la resonancia escalofriante de su voz. Creo que luego, en el resto de mi vida, busqué esa voz por todas partes, hasta llegar a mi verdadera historia de amor, la que me deshizo el alma y que no contaré en estas viñetas, una historia que no podía tener como objeto de deseo más que un locutor. La cuestión fue que este tipo, de cuyo nombre no puedo acordarme, se sentó a la mesa, como si hiciera una ceremonia repetida muchas veces, como con un gesto de haberlo hecho por siglos. Desinteresado de mí completamente, esperaba que las maricas le sirvieran la comida y lo atendieran, cosa que éstas hacían con un fervor inimitable. Yo me sentía pequeño, completamente marginado de su deseo y de su asombro, desminuido en lo que era, otrora, una belleza cierta: culito parado y contextura flaquita.

En aquella época yo no era todavía bastante experimentada, de modo que me quedé en silencio hasta que la villita que me había traído a la casa tomara la iniciativa y al menos me presentara. Ya era noche y me sugirieron que me quedara a dormir. Yo sabía y no sabía (encrucijada donde el deseo se intensifica), que debía quedarme, que debía irme, que debía perder el temor y dejar que la vida me atravesara de lado a lado (sin metáforas, también). El tipo comenzó a dirigirme la palabra y es posible que yo lo haya interesado con mi conversación apendejada, porque no quiero ni recordar las pendejadas que yo diría en aquel entonces cuando comenzaba a leer a Marx, a Freud, a Nietzsche. Boludeces completas. Y el tipo parecía que venía pesadito políticamente. Trabajaría en una fábrica o quién sabe dónde, pero no hablaba solamente por lecturas sino por experiencia de clase. Sus labios sensuales y su aliento a pucho y ginebra se me iban haciendo cada vez más intensos a medida que, sutilmente, se iba acercando a mí. Creo que cenamos todos juntos y luego las villitas, mientras levantaban la mesa y se daban miradas furtivas de una felicidad codificada, me indicaron que iba a dormir en la única cama confortable que parecía tener ese lugar y que estaba en lo que oficiaba de living. Sin darme cuenta, una a una las villitas fueron desapareciendo.

 El tipo se sacó la ropa y se echó a dormir. Yo me quedé pelotudamente sentado al borde de la cama. Es posible que el tipo, sin decirme palabra, me haya ordenado acostarme y yo obedecí. Yo temblaba porque jamás había estado con un macho tan macho, no sólo en su figura sino en su coreografía. No tenía hasta el momento más que un escaso par de aventuras, que contrastaban con la tonelada de fantasías acumuladas. El tipo, sin embargo, se durmió. Quedé sin saber qué hacer. Lo deseaba con ardor, me sofocaba estar al lado de ese cuerpo moruno del que me parecía sentir los murmullos de su sangre y de su semen, como si estos humores pulsaran su piel hacia mí. Quería que me desgarrara, que me penetrara hasta hacerme llegar al grito, que me mordiera, que me sacara de mí mismo. Era como si de pronto surgiera sin control toda la calentura de mi vida acumulada, miles de fantasías infantiles y adolescentes que se agolpaban por realizarse e inaugurar finalmente mi vida sexual verdadera. No era virgen, como dije, pero los coitos que había tenido, no muchos, habían sido olvidables, normales, como arena que la vida se llevó.

 Al amanecer lo sentí acercarse, tocarme, invadirme. Tenía una enorme verga, muy gruesa. Me agarró con sus manos la cabeza y me la llevó brutalmente debajo de las cobijas para que se la mamara. Creo que no estaba muy limpia, me parece recordar que olía a leche vieja, pegada. Pero no tenía opción y sabía que sin esta previa ceremonia de succión, no iba a dármela. Así que con un hambre antigua se la mamé hasta el agotamiento. Luego me besó, me estrujó con una fuerza que todavía recuerdo y añoro, y después me cogió en silencio con una furia que yo no conocía. Yo me lo devoré sin prejuicios, más allá de culpas y remordimientos. Quería sangrar, quería que me desgarrara el orto, que se metiera en mí, en mi cuerpo, hasta sacármela por la boca, como dice el dicho popular. Sentí que algo ocurría en mis entrañas, un goce que me enajenaba. Sentí que el tipo despertaba en mí toda la feminidad que un hombre puede tener en su inconsciente, marica o no. Yo era una mujer, el tipo me estaba haciendo mujer, quería mostrarme, demostrarme, qué era un macho y lo que puede un macho. Mi hembra interior le respondió. Sentí, por primera vez en mi vida (y fue algo que ocurrió en muy pocas ocasiones después) que mi placer aumentaba a un grado que no conocía. De pronto sentí que acababa, que yo acababa sin tocarme—era la primera vez que eso me ocurría—que me derramaba sobre las sábanas llenas de su olor, de su sudor, de otras posibles leches de sus maricas del harén o de otros como yo, traídos en su honor, para su placer y su goce. También acabó él, y sentí los borbotones de su semen atravesando su gruesa verga, saliendo de lo más profundo de su carne, pasando a la oscuridad maravillosa de mi vientre. Nos dormimos. Me debo haber acurrucado en su pecho. Ni una palabra. Otra vez el tipo estaba ausente. No recuerdo más.

Me debo haber levantado tarde, las villitas me deben haber servido el desayuno con sonrisitas cómplices. Lo único que recuerdo es que varios meses después, lo encontré en un tren en Retiro. Iba con un par de tipos, a lo mejor alguna marica. Parecía que escapaba de algo. Se lo veía tan desarreglado, o incluso más que la vez anterior, pero con la misma fiebre salvaje. Yo estaba dispuesto a irme al fin del mundo con él. El tipo me perforó con su mirada, con cierta ira y, para mi sorpresa, me dijo que me curara de las ladillas, que yo le había pasado ladillas. No recuerdo haber tenido ladillas en aquella época, aunque sí las tuve después de estar con él. Se bajó del tren y lo vi perderse en la multitud y es probable que los militares lo hayan perdido a él también, en ese juego infernal de los machos salvajes, primitivos, a él y también y con todas sus ladillas, mis ladillas.

Hoy estaba en el supermercado y vi una pareja con niños que llevaban el carrito lleno de cosas. Era una familia hispana, de piel oscura y con todos los elementos que demostraban cuánto habían prosperado en esta tierra del Tío Sam. El marido, alto y fornido, jovencísimo, atractivo, iba atrás, como mostrando que él no tenía nada que ver con las tareas domésticas, en las que se incluía, obviamente, el tour de compras al supermercado. Llevaba un pantalón ancho, anchísimo, que le llegaba hasta unos centímetros pasadas las rodillas. Luego medias blancas y flamantes zapatillas. Supongo que serían de marcas reconocidas, pero de eso, como de autos y otras tantas pelotudeces no puedo hablar, porque no tengo ni idea. Siempre compro las cosas porque me gustan o por el precio, no por las marcas. El tipo llevaba también una T-shirt o remera, larga hasta bien pasada la braqueta y muy ancha, aunque esto no impedía ver que tenía un buen lomo. Sólo los brazos dejaban ver su musculatura de gimnasio, de tres veces por semana, del famoso "working out", musculatura que algunos esgrimen como un trofeo, en general decorado con tatuajes pero que, contrariamente a lo que pasaba con la ropa ajustada hasta la opresión que usaban las generaciones anteriores, este cuerpo era como ofrecido y a la vez escamoteado a la mirada, al deseo. No entiendo para qué se pasan tanto tiempo en el gym si luego se cubren como monjes.

La esposa, adherida al carrito, tenía también ropa liviana por el calor, superlimpia y funcional, de las que se compran aquí para tres o cuatro lavados y luego se mandan al ejército de salvación o a la familia pobre que quedó en México o en El Salvador. Por supuesto, los niños tenían todo, no les faltaba nada: gorritos, T-shirts, zapatillas al tono, pantaloncitos cortos y el pelito cortado casi al ras, como el padre, también peloncito. Mientras se colgaban del carrito, comían esas papitas crocantes y saladas que la gente suele comer cuando no tiene otra cosa que hacer. Pero lo importante era el contenido del carrito. Era lo más triste. La señora sacó y puso primero sobre la mesada de la cajera un pastel, de ésos comprados en los supermercados y que uno, con enorme amor y cariño, hace dedicar a alguien para su cumpleaños o por otro motivo afectivo-comercial, que aquí nunca falta. Luego comenzó a sacar panes para hamburguesas, muchos paquetes de seis u ocho panes cada uno. Dos frascos de salsa de tomate, seguramente con picante, como le gusta a la gente de México y América Central. Muchas bolsitas de papitas, chizitos, o los famosos nachos que se remojan en la salsa y que hacen las delicias de mucha gente. Varios paquetes de hamburguesas, de un color supercuestionable, comenzaban a asomar debajo de tantas cosas envasadas. Luego, infaltable, mucha bebida, especialmente sin alcohol, las famosas "sodas".

Sin duda, estábamos ante una familia tipo de inmigrantes hispanos—ya también ellos procesados por esa maquinaria fascinadora y a veces falaz que es el sueño americano—en vísperas de un cumpleaños de uno de sus vástagos. Yo sé que tal vez la vida de esta familia en su país de origen sería tan devastadora, que ni siquiera podrían aspirar a unos nachos. Pero no estoy tan seguro que este aparente esplendor económico—comparado con el que dejaron atrás, con el que seguramente viven todavía miles de sus compatriotas—sea por completo un progreso. Hay como algo horriblemente manufacturado en esta capacidad de consumo, cuyo costo parece delatar que a la vez hay algo irremediablemente perdido. Con pena, tengo que confesar que mi reacción fue asquerosamente argentina y clasista; no pude—lo admito—con mi genio de argentino en el exterior. Desde esta perspectiva, para mí, esta familia estaba comprando, con derroche de mal gusto, pero con mucha abundancia, aquello que haría la delicia de los invitados. Todos estaban superserios, hasta los niños, lo que me daba a entender que la fiesta también era una cosa seria.

Ese carrito de supermercado lleno de tanta basura enlatada me hizo saltar como por arte de magia a mis fiestas de cumpleaños, a aquéllas que mi padre preparaba con cuidado de artesano. Iba a comprar cosas frescas con la debida anticipación y un par de días antes se iniciaba la ceremonia de la preparación. Cada bocadillo, cada canapé, cada delicia era festejada por los ojos brillantes de cada uno de mis tíos y primos, de mis amigos y de mis vecinos. ¡Había fiesta en casa! Cada detalle era un detalle de amor, de dedicación, de respeto a los familiares, a mí, de respeto a los vecinos y amigos y, por supuesto, de auto-respeto: se trataba de gastar para comer lo mejor, aunque eso ocurriera dos o tres veces al año nada más, con el cumpleaños de cada uno de los integrantes de mi núcleo familiar. Uno se alegraba desde el momento en que discutía el menú, desde que revolvía el recetario de la abuela, desde que comenzaba a hacer la lista de los ingredientes, desde que se los compraba, hasta que se los comía y disfrutaba. También eran bienvenidas las tensiones, los apurones de último momento, las diferencias de opinión, las pequeñas rencillas domésticas. "¡Vienen sólo a comer!", se quejaba mi abuela. A veces había que salir corriendo porque la crema se cortaba, porque faltaba hielo, porque faltaba sal. Y al final la fiesta era una celebración, algo que culminaba un proceso de trabajo y de emociones compartidas.

Todo pasa y todo cambia. Yo me imaginaba la fiesta de estos niños del supermercado. Me fui del lugar viendo ese "cake" seriado, mercantilizado, sobre la mesa, que la prosperidad de los padres había logrado comprar y hasta hacer poner a la empleada de la sección repostería del supermercado el famosamente infame "Happy B-day". Imaginaba las hamburguesas sacudidas por el fuego (porque así hacen con las carnes en este país, una parrillada o, mejor, barbacoa que es como una antesala del infierno, en la que la carne se achicharra y se quema, se estremece y se dobla como cadáver en cremación). Imaginaba a la gente deglutiendo esos nachos mojados en salsa que nadie había preparado, que era la misma salsa impersonal que comía en su casa o en la de cualquiera. A medida que pensaba en estas cosas, me invadía no una nostalgia, sino una enorme tristeza por esta gente que habían dejado, como yo, tantas cosas atrás. Me dio una depre fuerte, al grado que sentí la urgencia de llegar a mi casa y cocinarme algo, prepararlo con diligencia, con esmero, con magia culinaria.

El pastel sería, para estos niños, equivalente a sus zapatillas, a sus T-shirts, a su walkman, algo descartable, algo no registrable en el recuerdo. Yo, en cambio, me acordaba de mi trajecito de hilo celeste que me habían comprado para esa ocasión y sólo para ésa de mis ocho años; recordaba, por ejemplo, los zapatitos blancos que mi abuela dejaba impecables unas horas antes de llegar los invitados. Recordaba la torta de cada uno de mis cumpleaños: una, preparada por mi madrina, tenía forma de carretera con cochecitos y arbolitos, otra, preparada por una tía, era una calecita (o carrusel, como dicen aquí), y así, pero no compradas en los supermercados, sino hechas durante días con impagable paciencia y con los mejores ingredientes del mundo, comprados con magros ahorros para responder expresamente a una receta centenaria.

Todo cambia y todo pasa. Luego vendrían, y también lo recuerdo, momentos en que alguna de mis tías comenzó a comprar esos polvos para preparar tortas, a los que había que agregar solamente leche o, peor aún, agua. También recuerdo esos momentos de pasaje al horror, cuando yo era ya más grande y asistía a las fiestitas de mis primos, ahora organizadas por payasos que vendían su alegría y su imaginación a precio de mercado y, de paso, como dirían mis tías o primas, entretenían (palabra despreciable y que hay que despreciar siempre como quien profesa un fanatismo religioso) y controlaban (palabra que ya anticipaba la felicidad de la clase media argentina con los milicos) a los niños invitados. Después, los hijos de los hijos de mis primas incluso se ahorrarían las tortas precocidas y hasta el bullicio costoso de los payasos. Contratarían un par de horas en MacDonald's y llevarían a todos los niños a comer hamburguesas, sin arriesgar la limpieza de la casa y sin tener que andar haciendo compras todo el día.

Tristeza, falta de respeto por uno mismo y por los demás, decadencia, degeneración del gusto, militarización del placer: todo eso me llevé hoy del supermercado, de la seriedad de esos padres, seriedad sorprendente, pues deberían sonreír y expresar su felicidad. ¿Será que es esa alegría la que se pierde con la capacidad del consumo? ¿Valdrá la pena perder la alegría entre tantas góndolas del supermercado? ¿Cómo hace uno para salirse de la uniformidad que imponen las mercancías? ¿Cómo se saldrá de esa uniformidad? ¿Cómo buscarán estos niños ser ellos en un mundo tan indiferenciado? Me preguntaba si esos pobres niños tendrán que buscar salir de tanto horror por medio de otros horrores, porque han perdido para siempre la capacidad de gustar de una vida no programada por el sistema. Estoy casi seguro que antes de terminar la fiesta, el papá los habrá invitado a saltar en algunos de los plásticos brincolines alquilados y puestos en el backyard y, más tarde, a jugar esos videogames en la tele de la casa, donde se aprende a divertirse (entretenerse) matando gente y viendo explotar carros o persiguiendo muñecos desconocidos y monstruos diferentes que se desintegran virtualmente sin pasado.

N unca pude soportar el sentimiento 'familiar'. Siempre tuve el afán de salir, de ir a otras partes, de acceder a lo diferente, a lo diverso. Que uno esté condenado a repetir es otra cuestión. Que el deseo nos condene a satisfacciones temporarias con cierta cuota de mismidad, es también algo que arrastramos como una condena. Pero eso no quiere decir que no debamos estar en contra, completamente en contra de ese sentimiento familiar. Yo siempre estuve en contra y por eso me fui.

Me fui de mi casa cuando necesitaba extender las alas a mi antojo por la libertad de mi naturaleza. Suave libertad, sin duda, ya que después de tanta lucha y tanta muerte uno termina convencido de la necesidad de renunciar a buscar las libertades fuertes, apoteóticas, apocalípticas si se quiere. Viví en la gran ciudad, solo, balbuceando mis primeras reglas, mis propias primeras reglas. Tarea desgarrante pero necesaria, temporada en el infierno sin la cual uno termina siendo un gil para toda su vida. Darse una oportunidad y darse, si es necesario, la cabeza contra lo peor, contra lo desconocido, contra lo nuevo, contra lo sorpresivo, contra la mentira, contra la verdad: sin amparos, ni papá ni mamá. Hay etapas en las que hay que salir, estar en contra, andar como paria por el deseo de uno y el deseo de los demás. Encontrarse, de a poco, en los sutiles pliegues de la rutina y del horror. No hay sentimiento familiar en el infierno. El infierno son los otros y es uno mismo, el otro lado de uno, esa parte que no se puede y no se debe dejar emerger mezclada de sentimientos familiares. Ir más allá de ese sentimiento familiar es, o debería ser, una ética. Si tuviera hijos (aunque de alguna manera los tengo, siempre se adhieren a uno, siempre uno termina adoptando hijos en la vida), les diría, "vamos, piba, vamos pibe, andá, buscáte, rompéte la crisma cien veces, encontráte aunque te mueras un poco, porque de todos modos no vas a estar más muerto de lo que ya estás".

Luego me fui de la gran ciudad, a eso que los porteños llamamos, con total injusticia y locura, "el interior", la provincia, en fin, el país. Y aún así, cuando me acostumbré a la ciudad provinciana, no pude quedarme. Cada vez que todo se hace demasiado familiar, se agota. Entonces nuevamente el éxodo, el nomadismo. Recorrer regiones, explorar límites de la naturaleza, de la geopolítica y también límites propios, íntimos. Forzarse un poco, superar los miedos—mi drama personal siempre fueron los miedos, no la culpa—tratar de escuchar un poco al otro, a lo otro. Fui así del llano a la cima, de la puna a la selva, y cuando esto comenzó a hacerse demasiado familiar, emigré nuevamente. Pero también me fui esta vez por convicción, por estar en contra, no tanto de la autoridad en general—que rechacé siempre casi automáticamente, hasta mi propia autoridad sobre los demás, incluso la autoridad para y sobre mí mismo—sino especialmente de esa autoridad única metida en la multitud a fuerza de dictadura. Cuando la multitud se decide por sostener democráticamente la autoridad que ella misma interioriza, cuando esa autoridad se les hace familiar, entonces se me hace a mí imposible la convivencia. Necesito multitudes que estén en contra, que se horroricen de lo familiar y, por supuesto, que tengan propuestas antifamiliares.

Entonces di el salto más grande: me fui a otra lengua, a otra cultura, a otra nación. Un lugar en el que al menos pudiera estar en contra sin que necesariamente eso significara vivir miserablemente, un lugar en el que—con todos los horrores que existen en todas partes—me dejara la posibilidad de vez en cuando de salir a explorar nuevos territorios. Investigar opciones para nuevos éxodos. No importa si lentamente la vida se va pareciendo cada vez más al *Bolero* de Ravel, que repite y repite el mismo esquema melódico en escala ampliada cada vez, agregando nuevas texturas, nuevos timbres, en un crescendo que, como todo, no puede ser infinito. Poco a poco uno va adquiriendo la idea de ser un centro. Yo soy mi centro. Mi centro es justamente donde estoy. No hay más nación, sino recuerdos; no hay más familia, sino adopciones, comunidades; no hay más que regresar a uno mismo cada vez y volver a partir. No hay pasaporte para mi desarraigo feliz, para mis constantes despedidas, a veces tristes, a veces eufóricas. No hay tampoco pasaporte para mis riesgos, para mis nuevos encuentros, no todos felices o completamente desafortunados. El arraigo es una ilusión, un conformismo, un adelanto bochornoso de la muerte, es el síntoma de que algo familiar se ha instaurado, y por eso hay que rebelarse y hacer nuevamente las maletas, irse, constantemente. Ser un judío eterno.

No sólo de coger vive el hombre. Y tampoco las locas están exentas de rumbear por otras dimensiones para satisfacer cosas que, obviamente, no se pueden satisfacer en la cama, cosas que no satisfacen ni los hombres ni las mujeres. Por eso hoy…

Erosbooks
Los Ángeles – Buenos Aires
2018

www.ingramcontent.com/pod-product-compliance
Lightning Source LLC
Chambersburg PA
CBHW032257150426
43195CB00008BA/484